# 什么是资产阶级民主革命

主　　编　闫　玉
副主编　孔德生　王雪军
本册作者　崔海波

 中华工商联合出版社

## 图书在版编目（CIP）数据

什么是资产阶级民主革命 / 崔海波编著. --北京：
中华工商联合出版社，2014.3
ISBN 978-7-80249-979-9

Ⅰ．①什… Ⅱ．①崔… Ⅲ．①资产阶级民主革命—青
年读物②资产阶级民主革命—少年读物 Ⅳ．①D025-49

中国版本图书馆 CIP 数据核字（2014）第 034657 号

**什么是资产阶级民主革命**

作　　者：崔海波
出 品 人：徐　潜
策划编辑：魏鸿鸣
责任编辑：林　立
封面设计：徐　超
责任审读：李　征
责任印制：迈致红
出版发行：中华工商联合出版社有限责任公司
印　　刷：固安县云鼎印刷有限公司
版　　次：2014 年 4 月第 1 版
印　　次：2021 年 10 月第 2 次印刷
开　　本：155mm×220mm　1/16
字　　数：76 千字
印　　张：11.75
书　　号：ISBN 978-7-80249-979-9
定　　价：38.00 元

服务热线：010—58301130
销售热线：010—58302813
地址邮编：北京市西城区西环广场 A 座
　　　　　19—20 层，100044
http://www.chgslcbs.cn
E-mail：cicap1202@sina.com（营销中心）
E-mail：gslzbs@sina.com（总编室）

# 目 录 *Contents*

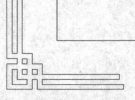

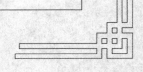

# 前　言

　　十七八世纪，世界历史发生了巨大的转折和变化。在欧洲和北美，封建主义和封建制度受到质疑和冲击，资产阶级革命的时代来临。欧洲大陆的主要封建国家也陆续进行改革，推行富国强兵政策，客观上推动了资本主义的发展。在社会巨变的大潮中，欧洲政治思想领域出现了启蒙运动，为资本主义社会提供了一套政治构想。20世纪，为争取国家的独立、民主和富强，中国资产阶级在孙中山的领导下，也开始了推翻中国长达两千多年之久的封建君主专制制度，发展了资本主义的伟大革命运动，拉开了资产阶级民主革命的序幕。

# 一、资产阶级民主革命的共性内涵

　　资产阶级革命，是指由资产阶级领导的反对封建社会制度的革命，基本上是在资产阶级提出的纲领、口号下进行战斗的，是反对封建土地所有制和贵族地主阶级专政，为资本主义发展扫清道路的革命，它具有鲜明的人民革命的性质。那么什么是资产阶级民主革命呢？列宁认为资产阶级民主革命实质上就是人民革命的类型和阶段，是资产阶级革命的特殊类型和阶段。

　　列宁把资产阶级民主革命称为人民的革

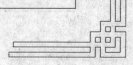

命，即由人民群众广泛、积极参加的革命。在《国家和革命》一书中，他将资产阶级民主革命界定为"民众，大多数人民，呻吟于压迫和剥削之下的社会最'下层'的人，都曾独立奋起，用自己的要求，同自己的尝试，即按自己方式来建设新社会以代替那正被破坏着的旧社会的尝试，影响了革命的整个行程。像这种革命，便称为资产阶级民主革命。"

发生在资产阶级领导下，工人和农民带着自己的经济政治要求参加的资产阶级革命，这种打上了人民群众要求烙印的革命被理解为资产阶级民主革命。无论是西方资产阶级民主革命，还是中国资产阶级民主革命，资产阶级民主革命的起因都是封建生产关系阻碍已经发展起来的资本主义生产关系，因此革命的对象是封建势力。

资产阶级民主革命，是一种"真正人民的"革命，与一般的资产阶级革命比起来对满足广大人民的要求是前进了一步。但是，这种"真正人民的"革命，与无产阶级的社会主义的人民革命比较起来，不论前者的深度与广度都存在着根本的距离，只有后者才能最终解放全体劳动人民，只有后者才能使民主的幸福实际上为广大人民所享受。资产阶级民主革命的重要标志，取决于广大人民群众是否积极地广泛地参与革命，并且，人民群众在一定程度上是否作用于革命的发展进程。

因此，资产阶级民主革命的发展前途存在两种可能：一种是在资产阶级民主革命之后确立起资本主义发展的道路；另一种是由资产阶级民主革命的胜利转变为社会主义革命的道路，列宁在这方面对丰富马克思主义思想宝库做出了很大的贡献，他论证了由资产阶级民主革命向社会主义革命转变极大的可能性，这是列宁社会主义革命论中重要的组成部分之一，即革命的转变论。

资产阶级民主革命对广大的人民群众是有利的，特别是在无产阶级领导下的彻底的资产阶级民主革命对这一点表现得更充分。比如中国无产阶级领导的新民主主义革命，证明了只有无产阶级领导的资产阶级民主革命，才能奠定向新社会主义革命过渡的一切必要前提，并带领广大的人民群众走向彻底解放的幸福道路。

## （一）西方资产阶级民主革命的特点

根据列宁的概括，一般认为资产阶级民主革命应具备以下三个基本特点：第一，广大的人民群众，一定是积极地广泛地参加了这次革命。所谓大多数的人民群众，主要指无产阶级和广大的农民群众，他认为由无产阶级和广大的农民群众广泛参加的革命可以被称为资产阶级民主革命。第二，人民群众积极参与革命的过程中，并提出了自己的政治和经济的要求。第三，革命的过程中要有关于农民土地的运动。

除此之外，资产阶级民主革命的历史任务

也反映了民主革命的特点。它的革命任务是由于资产阶级自由竞争的需要，试图建立新的生产关系，要推翻其压制资产阶级自由贸易的旧的生产关系，也就是封建主义君主专制或是封建社会的上层建筑。资产阶级革命领导者是资产阶级或无产阶级，参与者可以包括农民、知识分子、手工业者，甚至包括产业工人这个资产阶级的掘墓人。资产阶级民主革命，简称"民主革命"，有资产阶级领导的和无产阶级领导的两种。资产阶级领导的民主革命，就是资产阶级革命；无产阶级领导的民主革命，也称为"新民主主义革命"。1917 年的俄国二月革命是第一次无产阶级领导的民主革命。

## （二）中国的新旧民主革命

为了挽救空前深重的民族危机和社会危机，中国人民曾经进行过多次不屈不挠的英勇斗争，无数仁人志士苦苦探索救国救民的道路。这些斗争和探索，每一次都对推动中国社会走向进步产生了一定的影响，但每一次都摆脱不了失败的命运。孙中山曾说过："我们革命的目的，是为中国谋幸福，因不愿少数满洲人专制，故要民族革命；不愿君主一人专制，故要政治革命；不愿少数富人专制，故要社会革命。"其中，反对封建专制制度、争取民主共和的目标，不断激励着一代代革命志士，在中华大地上掀起了民主革命的狂潮。

事实证明，不触动封建根基的自强运动和改良主义，旧式的农民战争，资产阶级革命派领导的民主革命，都不能为中国找到真正的出路。近代中国社会的发展，期待新的阶级及其政党领导新的革命，呼唤新的革命理论的产生。旧民主主义革命的失败、近代中国革命形势的发展，以及世界形势的新变化，为新民主主义革命理论的形成提供了客观条件。

在中国，资产阶级民主革命可以划分为，旧民主主义革命和新民主主义革命两部分。

"五四"以前的资产阶级民主革命，属于旧的世界资产阶级民主革命的范畴，即中国旧民主主义革命，它发生在 20 世纪初期的帝国主义和无产阶级革命时代，是世界资产阶级革命的一部分。"五四"以后的资产阶级民主革命，则属于新的资产阶级民主革命的范畴，在革命的阵线上，是世界无产阶级社会主义革命的一部分。

而有无共产党的领导是其根本区别点。所谓新民主主义革命，就是在无产阶级领导之下广大人民群众积极参与的反帝反封建革命。革命的对象不是一般的资产阶级，而是民族压迫和封建压迫；革命的措施不是一般地废除私有财产，而是一般地保护私有财产；革命的结果，将使工人阶级有可能聚集力量因而引导中国向社会主义方向发展，但在一个相当长的时间内仍将使资本主义获得适当的发展。这种新式的民主革命，虽然一方面是替资本主义扫清道路，但在另一方面又是替社会主义创造条件。

　　中共六大和毛泽东依据中国新民主主义革命时期的社会性质、革命任务、革命参与者，从而得出中国革命属于资产阶级革命性质的结论。而毛泽东将中国共产党领导的革命认同为资产阶级民主革命还有一个重要因素，即革命有资产阶级参加。《现代汉语词典》解释：新民主主义革命"是工人阶级经过自己的先锋队共产党领导的、以工农联盟为基础的、人民大众的、反帝、反封建、反官僚资本主义的革命"，新民主主义革命即资产阶级民主革命。

　　毛泽东在《新民主主义论》中强调："既然中国社会还是一个殖民地、半殖民地、半封建的社会，既然中国革命的敌人主要的还是帝国主义和封建势力，既然中国革命的任务是为了推翻这两个主要敌人的民族革命和民主革命；而推翻这两个敌人的革命，有时还有资产阶级参加……现阶段中国革命的性质，不是无产阶级社会主义的，而是资产阶级民主主义的。"根据毛泽东划分中国资产阶级民主革命的论点，可以把资产阶级民主革命理解为旧式的和新式的两种，其中由资产阶级为领导的，以建立资本主义的社会和资产阶级专政的国家为目的革命，称为旧式资产阶级民主革命；而由无产阶级为领导的，以建立新民主主义的社会和建立各个革命阶级联合专政的国家为目的革命，称为新资产阶级民主革命。

毛泽东还指出旧式资产阶级民主革命，"是属于旧的世界资产阶级民主主义革命的范畴之内的，是属于旧的世界资产阶级民主主义革命的一部分"。而新式资产阶级民主革命，"却改变为属于新的资产阶级民主主义革命的范畴，而在革命阵线上说来，则属于世界无产阶级社会主义革命的一部分了"。

关于中国资产阶级民主革命爆发起始时间，目前仍是一个具有争议的问题。1894 年兴中会的建立，但还不能作为中国资产阶级民主革命的开端。虽然兴中会是具有资产阶级性质的革命团体，但并非是统一的资产阶级政党；虽然孙中山起草了《兴中会章程》，并在会员的誓词中提出了"驱除鞑虏，恢复中华，创立合众政府"的革命主张，但尚不是一个比较完整的资产阶级政纲，更不是全国资产阶级民主革命的统一政治纲领。兴中会没有也不可能担负起统一领导全国资产阶级民主革命的历史重任。因此，兴中会的建立不应作为中国资产阶级民主革命开端的标志。只有到 1905 年中国同盟会产生后，有计划有组织地发动革命斗争后，才逐渐构成了资产阶级民主革命的具体活动，这是资产阶级民主革命过程中的一次重大突破，是中国资产阶级民主革命的开端。中国资产阶级民主革命的下限是，中国资产阶级民主主义革命任务完成之时。

1949 年中华人民共和国成立标志着中国民主革命取得了伟大的胜利。但此时，中国的资产阶级民主主义革命任务仍尚未彻底完成，这不仅是由于在新中国成立之初，中国大陆尚未完全统一，国民党残余势力还在华南、西南等地负隅顽抗；更由于广大新解放区的农村土地制度尚未改革，反对封建剥削制度的这项民主革命基本任务还没有完成。中国共产党非常清醒地分析了新中国成立初期所面临的形势，正确地确定了建国后头三年的主要任务，即继续完成新民主主义革命，消灭国民党残余势力，建立和巩固人民民主专政，接受帝国主义在华财产，没收官僚资本，在新解放的广大农村实行土地制度的改革，彻底完成民主革命的任务；同时迅速恢复国民经济、争取国家财政经济状况的基本好转，为有计划地进行社会主义建设和全面的社会主义改造创造条件。

在中国共产党的正确领导下，用了短短的三年时间，胜利地完成了民主革命任务，1951年以西藏和平解放为标志，除中国台湾及一些沿海岛屿外，整个中国大陆实现了历史上前所未有的统一。至 1951 年 3 月，全国已有 23 个省，94.8％的县召开了人民代表会议，普遍建立了各级人民政权。至 1952 年年底，全国除新疆、西藏等少数民族地区及中国台湾省外，全部完成了土地制度的改革，消灭了封建剥削制度，资产阶级民主主义革命（新民主主义革命）的任务至此完成。

因此，中国民主革命史的下限是，1952 年 12 月全国范围内土地改革的基本结束和民主革命任务的胜利完成。

另外，辛亥革命以后，中国革命由旧民主主义转向新民主主义，是中国近代社会历史发展的必然结果。其必然性主要表现在四个方面：

第一，中国工人阶级的成长壮大和工人运动的发展，为实现由旧民主主义革命向新民主主义革命转变，奠定了阶级基础。第一次世界大战期间，西方列强无暇东顾，中国民族工业发展较快。中国工人队伍由辛亥革命前的五六十万人增加到五四运动前的 200 多万人。工人运动也有新发展，其表现是：斗争规模扩大，罢工次数剧增；反帝反封建的政治目的日益突出；影响、作用越来越大。这表明中国工人阶级将作为一支独立的政治力量登上历史的舞台，来领导中国民主革命。

第二，新文化运动的兴起，为实现新旧民主革命的转变扫清了道路。辛亥革命失败后，伴随着封建余孽的复辟帝制和北洋军阀的专制独裁，中外反动势力相勾结，在文化领域里掀起一股复古尊孔的逆流。为了反击这股逆流，我国知识界一些资产、小资产阶级激进民主主义者，高举"科学"和"民主"的旗帜，发动了一场反封建的新文化运动。新文化运动在一定程度上打破了反动势力在思想文化领域的统治，有重大的启蒙作用，促进了中国人民特别是青年知识分子的觉醒，为马克思主义在中国的传播扫清了道路。

第三，马克思主义开始在中国传播，为实现新的民主革命的转变提供了理论准备。1917年，俄国十月革命的胜利，使先进的中国人看到了"曙光"。他们开始钻研马克思主义，使新文化运动迅速发展成为学习和传播马克思主义的运动。《新青年》变成宣传马克思主义的阵地。这就为中国新的民主革命的转变准备了理论条件。

第四，五四运动是实现新的民主革命转变的标志。1919年爆发的五四运动是一场伟大的彻底的反帝反封建的爱国运动。它是在十月革命影响下爆发的，是世界无产阶级社会主义革命的一部分；中国工人阶级作为独立的政治力量登上了历史舞台，显示了伟大的力量，具有初步共产主义思想的知识分子，起了重要作用。从此，中国革命进入了新民主主义革命阶段。所以，辛亥革命后，中国革命由旧民主主义向新民主主义转变是历史发展的必然结果。

那么，新旧民主革命有什么不同呢？毛泽东在 1939 年写的《中国革命和中国共产党》一文中，对这一问题作了科学的理论说明。认为资产阶级民主革命由资产阶级来领导，社会主义革命由无产阶级领导。五四运动后，无产阶级登上中国政治舞台，成为革命的领导阶级，但革命的性质也仍然是资产阶级民主革命。他说："我们现在干的是资产阶级性的民主主义的革命，我们所做的一切，不超过资产阶级民主革命的范围。"也就是说，中国革命的任务仍然是反帝反封建，因此革命的性质也仍然是资产阶级民主革命。但革命的任务发生了如下变化：

第一，领导阶级不同了。这是根本区别。五四运动前，革命由资产阶级来领导；五四运动中，无产阶级登上政治舞台，随后，中国共产党成立，并提出反帝反封建的革命纲领，成为中国民主革命的领导者。

第二，时代不同了。新民主主义革命发生在十月革命之后，属于世界无产阶级革命的范畴。毛泽东根据列宁和斯大林的基本思想，认为，由于第一次世界大战和十月革命，改变了整个世界历史的方向，划分了整个世界历史的时代。社会主义国家和资本主义国家的无产阶级支持殖民地的民族解放运动。因此，在这个时代，殖民地的反帝斗争，不再属于旧的世界资产阶级革命的范畴，而是属于世界无产阶级社会主义革命的范畴。

第三，指导思想不同了。五四运动前，中国革命的指导思想是西方资产阶级民主思想；新民主主义革命的指导思想是马克思主义。

第四，革命前途不同了。一般地说，资产

阶级民主革命的前途是建立资产阶级专政的资本主义制度。但革命导师列宁多次强调，无产阶级应当参加资产阶级民主革命，并在革命胜利后，争取非资本主义的前途，就是不经过资本主义阶段而达到社会主义。关于新民主主义革命前途问题，也就是怎样处理民主革命和社会主义革命的关系问题，毛泽东做出了正确的分析，认为，中国革命必须分两步走：第一步，改变半殖民地半封建的社会形态，使中国成为一个独立的新民主主义国家；第二步，使革命向前发展，建立一个社会主义社会。两者之间既有区别，又紧密相连，这是对中国革命的正确认识。

在这个问题上，中国共产党内曾经有两种错误倾向：一种是陈独秀的"二次革命论"，认为中国的民主革命和社会主义革命之间必须有一个资产阶级专政的阶段，只有到遥远的将来，待中国资本主义高度发展之后，才能进行社会主义革命。这种观点只看到了两者之间的区别，没有看到联系，因此，是错误的。一种是王明的"一次革命论",主张民主革命和社会主义革命"毕其功于一役",企图超越民主革命阶段,一步跨进社会主义,从而混淆了二者之间的界限。这两种错误认识都违背了中国革命的历史特点和发展规律,曾经给中国革命带来惨重的损失。只有毛泽东的中国革命分两步走的思想,深刻揭示了中国革命的客观规律,揭示了中国革命的前途,为中国革命指明了方向。

# 二、国际视野下的典型
# 资产阶级民主革命

## （一）美国独立战争

17世纪初，英国殖民者凭借雄厚的经济力量和先进的武器，开始向北美殖民。到1733年，英国在北美共建立了13个殖民地。由于地理环境的影响，在这些殖民地中存在着多种经济成分，比如位于美国北部的殖民地，资本主义工商业较为发达；位于中部的殖民地，半封建的租佃制大量存在；位于南部的殖民地，则实行黑人奴隶制。虽然黑人奴隶在中北部地区也有，但数量相较南方地区要少很多。

英国殖民者为了更好地统治和管理北美殖民地，建立了一整套统治方案，按照英国控制的程度，独立战争前夕，北美殖民地可分为三大类：第一类是王家殖民地，由英王派来的总督直接统治；第二类是业主殖民地，由殖民地的业主任命总督，再由英王批准；第三类是自治殖民地，总督由殖民地有产者选出，但也要由英王批准。

美国独立战争的第一枪是在波士顿附近的莱克星顿打响的。1775 年 4 月 18 日深夜，马萨诸塞的总督盖奇派遣 800 名英军到离波士顿约 27 公里的康科德地方，去搜查民兵所藏的军械，遭遇埋伏在通往康科德公路两侧的波士顿近郊民兵。4 月 19 日拂晓，当英军走近莱克星顿的时候，两军突然开枪。民兵开始阻击英军，英军虽然勉强走到康科德，但发觉民兵的军械已经转移，并且在那里遭到了民兵更加猛烈的进攻。英军当天就撤离康科德，退回波士顿，沿途又不断遭到民兵狙击。在此战役中，英军死伤和被俘约达 300 人，莱克星顿的枪声被誉为震惊北美十三州的一声春雷，独立战争的序幕由此拉开。

莱克星顿战役胜利的消息激发了北美殖民地人民的爱国热忱，他们纷纷自备武器，自带口粮，组成民兵队伍，几天之内汇集在波士顿城外的民兵人数就有 20000 多人。1775 年 5 月 10 日，第二届大陆会议在费城开幕，此次会议的唯一任务，就是要把人民群众组织起来有效地进行战争。在第二届大陆会议召开期间，北美殖民地的广大农民、工人、手工业者、黑人、渔民、士兵、资产阶级，甚至连种植场主都非常期待美国的独立，在这样的历史条件下，出现了托马斯·潘恩这样的政治家。

潘恩是一位出生于英国的资产阶级激进民主主义者、美国独立战争时期著名的政治家。他出身于英国诺福克郡一个贫困的工匠家庭，

1750 年后曾做过水手、教师和政府税收官，1774 年在伦敦幸遇富兰克林，在富兰克林的推荐下前往北美，先后担任了《宾夕法尼亚杂志》编辑、大陆会议外交委员会秘书、宾夕法尼亚议会秘书等职务。积极参加北美人民反抗英国殖民主义者的革命运动，并发表许多政论文章抨击英国殖民主义者对黑人的奴役。其中，1776 年 1 月，他用热情奔放的文笔写了一本题为《常识》的小册子，受到北美殖民地广大人民群众的喜爱和赞扬。

潘恩通过《常识》广泛地宣传了他的主张，鼓励北美殖民地人民群众脱离英国的殖民束缚，争取独立。由于《常识》集中地反映了当时人民群众的根本需求，所以此书一经出版人们即争相传诵，在短短 3 个月内就发行了 10 多万册。他的这部著作对于北美殖民地的独立在舆论上起到了很大的动员作用。他在《常识》中强调，国王都是阻碍独立的"民贼"，以国王为首的君主制度本身就是罪恶的源泉。君主专制制度完全不是一种好的政治制度，因为在这种政治制度下，国王一个人的地位高于一切，这完全违反了人的自由平等原则。英国政府在北美的殖民统治完全是从私利出发的，如果北美人民群众想要从英王那里争取什么让步，实际上只是虚幻的梦想；只有通过武装斗争，宣布独立，才能真正地把 13 个殖民地的人民团结起来去争取应当享有的权利。

潘恩建议在北美独立以后，应当建立代议制的民主共和国，主要依据天赋人权理论和社会契约论来批判君主政体和世袭制度。他认为君主政体是建立在"彻底破坏一切神圣和道德的原则"的基础上的，是靠暴力和欺诈维持的政体，侵犯了人的自然权利，是不人道的，世袭制也是非常不合理的。通常一个国王是通过抽签、选举和篡夺三种方式产生的。如果第一任国王是通过抽签产生的，那么下任国王也只能由抽签产生，而不是世袭；如果第一任国王是由选举产生的，选民选举的仅仅是一个国王，而不是选举一个世袭的王族，如果选举的是一个世袭的王族，那么就把后代的一切权力都抛弃了；如果第一任国王是由篡夺而成为国王的，那么这个国王本身的存在就没有合法的理由，所以根本不能世袭。因此，他强调一切世袭制的政府究其本质，都属于暴政，都是违背人类的自由权利的。他提倡代议制民主共和国，推行普选制。所谓的代议民主制就是由广大的人民群众选举代表来处理国家事务，通过宪法赋予政府的权力来管理国家，根据法律行使职权，取消了财产资格对选民选举权的限制，认为政府的权力来自人民，政府不能凌驾于人民，否则人民可以推翻政府收回权力。潘恩认为"永远不年轻，永远不老，不年幼无知，也不老朽昏聩，不躺在摇篮里，也不挂拐杖，不让知识和权力脱节"这样的政府才是一个成熟政府状态。潘恩的这一思想对北美人民反英斗争起了积极的思想解放作用，而且对 19 世纪自由主义思想家的政治观点也产生了一定的影响。

在北美独立战争时期以及美国建国初期，除了产生潘恩这样的资产阶级民主主义思想家，还有一位比较著名的资产阶级民主主义思想家就是托马斯·杰弗逊，他是美国建国初期的杰出政治思想家、国务活动家和美国民主传统的奠基人。1769 年被选为弗吉尼亚州议会议员，1775 年 6 月作为州代表出席第二届大陆会议，并负责起草《独立宣言》，1779 年 6 月当选为弗吉尼亚州州长，1786 年出任驻法公使，1789 年 4 月被任命为第一届联邦政府国务卿，1796 年当选为美国副总统，1800 年当选为美国第三届总统，连任两届。在他执政期间，杰弗逊采取了一系列有效措施，为美国资产阶级民主政治制度的建设作出了重要的贡献。

1776 年 7 月 4 日，第二届大陆会议通过《独立宣言》，它是资产阶级革命时期一篇重要的反抗殖民压迫和封建压迫的历史文献，第一次用宣言形式提出了资产阶级革命的要求，成为美国独立战争的旗帜。《独立宣言》的发表标志美国诞生，它在政治上发挥了很大的动员作用，并成为后来法国资产阶级革命期间所发表的《人权宣言》范本，此后 7 月 4 日被定为美国国庆日。

杰弗逊深受欧洲启蒙思想家"主权在民"学说的熏陶，因此他在起草《独立宣言》时心里有三个想法：第一，提出关于统治的学说，即由谁统治美国，为什么由它来统治以及统治的基础是什么。第二，用宣言进行政治宣传，使所有北美人民相信，除建立新国家之外没有别的选择。第三，向各国显示北美人民争取自由和独立的决心。在这种思想的指导下，宣言列举了英王的种种暴行，庄严宣告："这些联合殖民地从此成为，而且理应成为自由独立的合众国；它们解除同英王的一切隶属关系，而它们与大不列颠王国之间的一切政治联系亦应从此完全废止。作为自由独立的合众国，它们享有全权去宣战、媾和、缔结同盟，建立商务关系，并采取其他凡为独立国家所理应采取的行动和事宜。"

美国独立以后，围绕着建立一个什么样的国家，民主派和联邦派进行了激烈的斗争。杰弗逊主张在美国建立代议制的民主共和国，反对联邦党企图在美国实行英国式的君主立宪制的主张。他深刻地揭露了君主制的弊端，指出君主政体是最坏的政体，是篡夺而来的，是毫无理性依据的，本质上是一种狼统治羊的政体，实则侵害了人类的天赋人权。君主的权力是君主假借治理国家之名，把全国分为两个阶级，一个阶级是狼，一个阶级是羊。这种政体就是狼吃羊的政体。联邦党认为在美国不宜提倡民主制而只能搞君主制，杰弗逊针对这种观点指出，在美国虽然不宜搞直接民主，但是可以实行代议民主制，建立代议制民主共和国，即掌握国家权力的人民可以委派自己的代表处理公众事务，代议制政府可以在大国履行自己的职责。杰弗逊关于在大国可以实行民主共和国制的主张，对卢梭的民主主义思想是一个较大的发展，在理论上和实践上为在美国实行民主共和制作出了巨大的贡献。

此外，杰弗逊还强调普选权是人民参政的基本前提，认为只有实行普选制，才能保证人民行使民主权利，他更强烈反对对选举权实行财产资格的限制。他在《弗吉尼亚笔记》中指出："我从来没有看到人民的诚实会随着他们的财富而增长。"杰弗逊还提出了"人民监督"的原则，认为"人民监督"是人民参政行使权力的重要手段，"人民监督"就是指人民对代表有检查权和罢免权，他主张人民在选出代表以后，必须经常监督这些代表，有权随时撤换不称职的代表，这样既可以防止选出的代表变成"豺狼"，又可以使每一个人都感到自己每天都是国家事务管理的参与者。可以说，这种人民参政的思想是杰弗逊民主思想最富有特色的部分，他反对建立大资产阶级和大种植园主的专政，而建立以农民为主的资产阶级民主共和国。这种思想在理论上和实践上虽然是行不通的，但在美国人民争取政治民主的斗争中产生过深远的影响。

1787 年 5 月 25 日，制宪会议在费城召开，经过长达 4 个月的激烈争论，与会代表最后达成一致，于 9 月颁布《联邦宪法》，这部宪法确立了美国的共和政体和联邦制度，按照三权分立原则，将国家职权分授立法、司法和行政3个部门，规定了总统和议员由选举产生、文官政府控制军权等原则，具有鲜明的民主色彩。《联邦宪法》使美国真正成为一个统一国家，中央政府集中了政治、经济、外交和军事的权力，从而能够有效地发挥保卫国家、促进资本主义发展的国家职能。但是该宪法也存在明显的局限性，比如它允许奴隶制的存在，不承认黑人与印第安人拥有与白人同样的权利等。

在制宪会议过程中，激进派和保守派围绕着制定一部什么样的宪法问题，进行了激烈的斗争，斗争的焦点是美国真正获得独立，还是与英国政府妥协的问题。代表了大种植园主和大地主阶级利益的保守派与英国殖民者有着千丝万缕的联系，他们仅希望英国政府尊重他们的权利，主张与英国通过协商来解决问题。代表工商业资产阶级和中南部中小地主阶级利益的激进派主张贸易自由，要求向西部开拓土地，他们在英国殖民统治时期属于受害者，因此他们反英倾向比较坚决，主张北美大陆与英国彻底分离并独立。而广大人民群众则坚决主张美国独立，反对保守派的妥协主张。

大资产阶级和大地主阶级要求发展大土地所有制，主张实行亲英反法的政策；而工商业资产阶级和中小地主阶级则要求发展小土地所有制，主张实行联法反英的政策。他们在建立什么样的联邦政府问题上存在着意见分歧。大地主阶级和大资产阶级企图建立自己的专制统治，他们排斥工商业资产阶级和中小地主阶级，反对人民群众主张建立君主制，反对民主共和制，但仍竭力主张扩大行政权力，限制立法权力，这一派被称为联邦派，主要代表是汉密尔顿。而工商业资产阶级和中小地主阶级拥护建立统一的联邦政府，要求实现统一的国内市场，发展本国的工商业，反对君主制，主张民主共和制，要求在宪法中体现更多的民主权利，实现国家制度的民主化，并要求他们的代表在政府机构中占有一定的地位，这一派被称为民主派，其主要代表就是杰弗逊。

　　民主派与联邦派的斗争是独立战争时期激进派与保守派斗争的继续。这两派后来逐步形成了美国的两大政党，一个是以杰弗逊为首的民主共和党，即现在的民主党的前身；另一个是以汉密尔顿为首的联邦党，即现在的共和党的前身。1787 年通过的《联邦宪法》比 1777 年的《联邦条例》前进了一大步，但是比《独立宣言》倒退了，在许多方面违背了《独立宣言》的民主原则，黑奴制度没有废除，它具有明显的保守性和反民主的特点。后来在杰弗逊的努力下，美国国会通过的《人权法案》，对《联邦宪法》作了补充。

　　杰弗逊结合北美反英斗争的实践，丰富和发展了资产阶级的天赋人权理论。经过杰弗逊等人的努力，美国国会通过了保障人权的十条修正案，即《人权法案》，他主张用生命权、享有自己劳动成果的权利，发挥个人才能的权利以及追求幸福和抵抗压迫的权利代替法国《人权宣言》中的财产权，这是对欧洲启蒙思想家关于天赋人权思想的重要发展。

　　杰弗逊强调人民是国家一切权力的源泉，人民革命是防止政府腐化的良药。政府的权力来自人民的同意，国家的权力来自人民的委托，国家主权永远属于全体人民。他认为人民有权推翻暴政，即使在共和政体下，时常发生一点暴乱也是一件好事，这如同自然界发生暴风雨一样。

　　杰弗逊的人民主权思想还表现在他反对贩卖黑奴，认为奴隶制是对人的最神圣的生存与自由权利的侮辱，是一种伤天害理的制度。他认为在美国存在奴隶制是不幸的，他执政期间，对美国南卡莱罗纳州通过中止输入奴隶的提案虽然尚未完成，但杰弗逊坚决反对种族歧视，争取黑人和白人平等的思想和主张对美国社会却产生了积极的影响。

　　美国独立战争是一场人民群众的战争。美国得到了欧洲各国民主人士的大力支援，在独立战争爆发后法国贵族出身的资产阶级民主政治家拉斐德和空想社会主义者圣西门、波兰革命志士库昔久斯特，都是远涉重洋自愿加入到美国独立战争中。另外，在战争中广大妇女也发挥很大的作用。男子走上战场，妇女们在后方担负起生产任务，她们耕田织布，用粮食和衣物支撑前线，有不少妇女冒着生命危险，为大陆军运送医药，传递情报，抢救伤员。有的妇女甚至还当上了炮手并立下战功。北美殖民地的工人、农民、手工业者、海员等都是这次革命战争中的主力，他们积极参军参战，反对英国的殖民统治。黑人在战争中也发挥很大作用，参加到美国革命军中作战的至少有 5000 人。1778 年在华盛顿率领的大陆军中，平均每营都有 54 名黑人，每一次重大战役都有黑人参加，并在战场上屡立战功。

美国独立战争是一场争取美国独立的革命战争，北美的 13 个殖民地人民与英国殖民主义统治者进行了激烈的斗争，它推翻了英国的殖民统治，是美国历史上的第一个革命。它也是一场资产阶级的民主革命，革命胜利后，创造了美利坚合众国，建立了资产阶级民主共和国。独立战争的胜利使北美 13 州摆脱了英国殖民主义的束缚，成为独立自主的资产阶级民主共和国。同时又铲除了殖民时期封建残余的长子继承法、续嗣限定法和代役税，契约奴制也基本上废除，从而解放了生产力，为美国资本主义的发展开辟了宽广的道路。正如列宁所说："现代的文明的美国的历史，是由一次伟大的、真正解放的、真正革命的战争开始的。"

因此，作为一次反殖民压迫、反封建压迫的资产阶级革命，美国独立战争在历史上有很大的进步意义。美国的独立极大地冲击了以欧洲为主宰的世界政治格局，对欧洲资产阶级革命起了推动作用，美国独立战争为殖民地和被压迫民族的民族解放运动提供了一个成功的先例，美国独立战争也惊醒了欧洲，促进了法国资产阶级革命的爆发。但美国独立战争没有解决土地问题，也没有解决奴隶制问题，使得独立后的美国南北方朝着两种不同的经济道路发展，最终导致美国内战的爆发。

## （二）18 世纪法国资产阶级民主革命

革命前的法国，虽然仍是一个封建的农业国，但自 18 世纪以来，资本主义经济在封建社会内部已有了很大程度的发展，并成为欧洲大陆上仅次于英国资本主义工商业最发达的国家。但却在法国波旁王朝的封建统治下，资本主义经济的发展受到封建土地所有制、封建行会制度和封建割据等种种因素的束缚，废除封建制度已成为法国资本主义进一步发展的迫切要求。

革命前法国生产力与生产关系的矛盾，集中体现在特权阶级和非特权阶级的矛盾上。革命前法国存在着森严的封建等级制度，全国被划分为三个等级。天主教徒和封建贵族构成第一和第二等级，拥有一切政治经济特权。他们占有绝大部分土地，不负担任何赋税义务，是国家的统治阶级。第三等级包括资产阶级、农民和城市平民，是国家的被统治阶级。尽管资产阶级在财富上远远超过特权等级，但在政治和社会地位上却还是十分低下的。至于农民和城市平民更是社会的底层。在封建特权阶级的统治下，从事工商业活动被视为卑贱的职业，只有向国王纳税的义务，不应该享有任何权利。革命前法国以国王为首的特权等级同广大人民群众之间的矛盾极其尖锐。在第三等级中，只有资产阶级在经济上最富有，在政治上最成熟，最能提出和制定反封建的纲领和口号，理应处于领导地位。

路易十六虽然从前任国王那里继承了王位，但他同时也从前任国王那里继承了巨额债务。这些债务大部分都是 17 世纪和 18 世纪法国在频繁的对外战争中欠下的，更糟的是，法国政府在帮助美国赢得独立的过程中也花费颇多。因此，到了 18 世纪 80 年代，法国王室几乎半数的收入都被用来支付战争债务，而另外四分之一则用于法国自身的军备。加之法国特权阶层包括贵族和教士都有免税特权，这就意味着几乎所有负担最终都要转嫁到农民身上。

到 1787 年法国国王路易十六急需用钱，但当他向法国贵族和教士寻求帮助时却遭到拒绝。他们坚持认为如果国王想要获得他们的帮助，就必须允许他们享有更大的权力。贵族希望能够强迫国王在他们关心的问题上进行改革，要求国王召开三级会议。这是一个代表了法国各个阶层全部人口的会议。第一等级由大约 10 万个罗马天主教教士组成；第二等级包括大概 40 万个贵族；第三等级则涵盖了其他剩余人口大约 2400 万农奴、自耕农以及城市居民。第三等级同其他两个等级的代表名额总和相同。1789 年 5 月国王路易十六在凡尔赛宫召开了三级会议，期望获得征收新税的权力，却引起第三等级的不满，中间阶层痛恨贵族占据了最好的工作和政府职位。第一、第二等级企图控制会议，坚持一个等级只投一票；第三等级的成员却坚持按人数投票。1789 年 6 月 17 日，经过数个星期毫无结果的争论，第三等级的代表采取了戏剧性的措施，全体退出三级会议并宣布成立国民议会，三天之后，新议会的成员宣誓"法国不制定新宪法，大会绝不解散"。1789年7月14日，由于害怕国王以武力解除国民议会，一群巴黎民众起义包围了巴士底狱（王室监狱和军火库）。当攻占巴士底狱的消息迅速在法国传播时，各地农民烧毁修道院贵族府邸的暴动越来越多。

由于担心革命会失去控制，国民议会迅速行动，进行了广泛的社会和政治改革。1789年8月国民议会发表了《人权和公民权宣言》，揭示了资产阶级"自由"、"平等"的原则。宣言宣称：人类是生而自由并且在权利上是平等的。自由、财产、安全和反抗压迫都是天赋不可剥夺的人权，政府的职责在于保护这些人权。《人权宣言》体现了摧毁君主专制和封建等级特权的要求具有进步的历史意义。

1793年，国民公会发现国王路易十六和他的妻子——王后玛丽·安东尼犯了通敌叛国罪，将他们送上了断头台。1793年和1794年，当马克西米利安·罗伯斯庇尔及激进的雅各宾派主政议会后，革命的混乱无序达到了顶峰。作为一个训练有素的律师，罗伯斯庇尔在大革命期间逐渐为人所知。

罗伯斯庇尔是 18 世纪法国大革命时期杰出的资产阶级革命家，雅各宾派的首领，卢梭思想的拥护者。1758 年 5 月 6 日，罗伯斯庇尔生于法国北部阿图瓦郡的首府阿腊斯城，他的祖父和父亲都是律师。在他 6 岁的时候，母亲与世长辞，抛下了 4 个孩子。3 年后，父亲在离开家乡之后杳无音讯，从此，9 岁的罗伯斯庇尔便成为家中年纪最大的人。7 岁时罗伯斯庇尔在家乡上学，11 岁时在别人的帮助下，得到巴黎路易学校的助学金，到巴黎求学。路易学校是以国王路易十四的名字命名的，是法国著名的学校。这个学校受天主教会控制，严禁传播自由思想，开设的课程主要是古代历史、文学、哲学等。然而随着年龄和知识的增长，罗伯斯庇尔的兴趣日益超出这些科目的范围，他开始接触和学习启蒙思想家的著作，吸取新思想。在大学期间，罗伯斯庇尔深受卢梭启蒙思想的影响，他反对封建专制制度和天主教会，站在第三等级一边。罗伯斯庇尔把卢梭的思想和现实生活联系起来，也认为人间的不平等、贫富悬殊等现象是由于人的自然权利遭到了破坏。他常常独自一人打开卢梭的著作逐字逐句地认真阅读，并把卢梭当做自己的精神导师。然而罗伯斯庇尔在卢梭那里根本找不到消除不平等现象的正确答案，因为卢梭是一个小私有者的思想家，小私有者本身是依赖于私有制而存在的。

罗伯斯庇尔参加革命前在法国北部的阿腊斯城当律师，1789 年作为第三等级的代表参加了全国的三级会议，从此罗伯斯庇尔投身于法国大革命，开始了他的政治生涯，成为资产阶级革命家。他的冷静与胆量，雄辩的口才，组织的才能，很快为他赢得了声望。罗伯斯庇尔生活简朴，清白廉洁，虽然是个文雅的人，但在对敌斗争时却具有一副铁石心肠。他坚信自己所从事的事业是正义的，因此具有不计生死危险的无畏精神，当时人们称赞他为一个"不可收买者"。

罗伯斯庇尔坚决拥护卢梭的人民主权学说，并在实践中发展了卢梭的人民主权学说。1788年他提出三级会议的权力只能属于人民，1789年巴黎起义胜利后，他提出在消灭王权的基础上，确立神圣的、平等的和不可分割的人权。1791年他又进一步阐明，人民主权是神圣不可侵犯的。特别是他从自由平等的思想出发，认为人民是国家的主人，一切官吏都是人民的代理人。他曾经在国民会议中反对1719年宪法里关于"积极公民"和"消极公民"的规定，质问"谁授权给你们剥夺人民的权利"？他认为用财产限制公民的选举权就把当时法国公民中87％的农民、手工业者、小商人和贫穷的知识分子排除在选举之外，实际上用财产特权代替了门第特权。所以，在他领导下制定的1793年宪法就取消了"消极公民"和"积极公民"的区分，明确规定凡满20岁的男子都是公民，都享有选举权和被选举权，主权属于人民，这是不可动摇和不可转让的，实行普选制等内容。

他坚决反对封建专制制度，认为封建专制制度剥夺了人民的基本权利，使贵族享有各种特权，封建专制的政治制度是一种为贵族利益服务的制度。只有消灭封建专制制度，人民才能获得自己的权利和自由。因此，他在掌握政权之后，首先就解决了农民的土地问题，接着又通过法令，把逃亡贵族的土地分成小块，用10年内分期付款的方法卖给农民，把被地主霸占的土地按人口平均分配给农民，无条件地废除一切封建义务，烧毁全部地契等。为了消灭财产占有的不平等现象，他主张，废除长子继承制。为防止财产过分集中在少数人手里，主张按照财产数额征收累进税。这些积极措施使他逐渐成为雅各宾俱乐部杰出的人物，成为资产阶级民主派的领袖。立法会议期间，他通过雅各宾俱乐部参与政治斗争。无论是 1792 年 8 月 10 日的起义，还是 1793 年 5 月到 6 月的起义，他都发挥了号召者和组织者的作用。

罗伯斯庇尔主张依法治国，他主张当政府侵害人民的权利时，人民的神圣义务就是起义，人民有权以暴力来反抗统治者的暴力。1793年9月，他建立的雅各宾专政政权遭到国内外敌人的强烈反对，为了保卫革命的成果，罗伯斯庇尔根据人民群众的要求，并结合当时的形势，决定以革命暴力为武器，实行革命恐怖政策，即对敌人实行恐怖政策。罗伯斯庇尔的革命恐怖也叫作"人民专制制度"。他在革命时期采取的革命恐怖政策是必要的，对粉碎国内外敌人的进攻，保卫人民革命政权起了很大的作用。在具体执行过程中因为犯有恐怖扩大的错误，在一定程度上导致了雅各宾政权的失败。

以罗伯斯庇尔为首的雅各宾派特别频繁地使用断头台，从1793年到1794年的漫长恐怖统治里，他们处决了大约4万人，并将30万被怀疑为反革命分子的人关进了监狱。最终这样的政治清洗，使人们对雅各宾派的政权本身失去了信心。1794年7月，国民公会逮捕了罗伯斯庇尔和他的同盟者，把他们送上了断头台，之后一个名为"督政府"的新机构登上法国历史的舞台。然而"督政府"仍无力解决处于大变革时期法国所面临的一系列问题，他们试图在旧制度和激进革命之间寻求解决之道，却常常在两个政策之间徘徊，因此他们的统治不断面临挑战。1799 年，拿破仑·波拿巴发动雾月政变夺取了政权，督政府的统治走到了尽头。

18 世纪法国启蒙运动的发展为资产阶级革命爆发作了思想准备。其中，法国启蒙主义者伏尔泰、孟德斯鸠、狄德罗和卢梭等人，都对封建制度作了深刻的揭露和批判。而这些思想家中，以卢梭的思想最为激进。卢梭是法国启蒙运动中资产阶级革命民主派的杰出代表，卢梭出生于日内瓦，年幼丧母，父亲是个钟表匠。他早年曾在律师家为徒，从雕刻师学艺，他当过佣人和家庭教师，由于饱尝了人生的辛酸，所以他才深刻了解到了广大人民群众的疾苦。他的重要著作有《论人类不平等的根源》

和《社会契约论》等。他认为在原始状态和自然状态中，人们生活简朴，彼此平等，不求财富，因此也不亏待别人。而现代社会的不平等是因为人的自然权利遭到了破坏，因此，他要求政治平等。卢梭知道要恢复到原始人的简朴生活是不可能的，想要使人生活得愉快美好，那么就要改造社会和政治。他认为不平等起源于财产私有制，但他并不主张废除私有制，只要求进行比较平均的分配。这就表现了他的小资产阶级的局限性。

法国大革命是人民群众发动的比较充分并广泛参加的资产阶级革命，人民群众在革命中起了决定性的作用，这在资产阶级革命中可以说是空前的。巴黎人民在 1789 年 7 月 14 日，1792 年 8 月 10 日和 1793 年 5 月 31 日、6 月 2 日发动的三次武装起义，成为推动革命沿着上升路线发展的转折点。由于人民群众在革命中充分显示了主力军的决定性作用，一次又一次地打破了资产阶级同封建势力妥协的企图，迫使资产阶级开始满足人民群众的部分要求，革命斗争继续向前推进。

法国资产阶级民主革命是沿着上升的路线发展的一次比较彻底的资产阶级革命，经济上，比较彻底地摧毁了封建制度的经济基础封建土地所有制；政治上，建立了资产阶级共和国，确立了资产阶级的完全统治。因此，它在世界近代历史发展历程中产生了深远的影响。

## （三）1848 年欧洲革命

19 世纪中期，欧洲封建主义与资本主义、压迫民族与被压迫民族之间的矛盾日趋尖锐，当时的欧洲犹如一堆干柴，任何一点儿火种都会燃起熊熊烈火。1845 年至 1846 年欧洲一些国家发生了严重的自然灾害，1847 年又爆发了全欧洲性的经济危机，这些进一步加剧了欧洲各国的阶级矛盾和民族矛盾。1848 年至 1849年，法国、德意志、奥地利、意大利和匈牙利等欧洲国家爆发了近代欧洲历史上规模最大、范围最广的资产阶级民主、民族革命。革命席卷欧洲大地，从巴勒摩到巴黎，从柏林再到维也纳，从布拉格一直到布达佩斯，这场革命可以说是继十七八世纪英法革命之后的欧洲第三次革命大风暴。

1848 年革命爆发之前，欧洲各国的形势很复杂，但都存在一个共性，即资产阶级反封建的任务和斗争尚未完成，并且 1848 年欧洲革命是工业革命在欧洲胜利进军的情况下发生的，因此，无产阶级已经形成，开始走上政治舞台，并成为这次革命的主要动力，这些都决定了这次革命性质、任务、内容等具有不可预测的多变性和复杂性。由于当时欧洲各国的经济发展水平不平衡，导致所承担的革命任务也不尽相同。在这场革命中，法国革命的任务是推翻以七月王朝为首的金融资产阶级专政的独占统治，实现民主改革，建立整个资产阶级统治；在德意志，主要是推翻封建专制制度，消灭国家的分裂状态，消除封建割据，建立统一的国家，为资本主义发展开辟道路；奥地利革命则是废除封建专制制度，建立一系列独立的资产阶级民族国家；匈牙利革命的任务是推翻奥地利哈布斯堡王朝对匈牙利的统治，建立独立的民族国家；意大利是要求结束国家的分裂状态，建立统一的民族国家；在东南欧，则主要是反对异族的奴役和压迫，争取民族独立。尽管这些国家的具体革命任务各不相同，但是它们同属于资产阶级民主革命的性质。

因此，1848年欧洲革命的主要目的，就是要彻底扫除封建制度及其残余势力，发展资本主义，由此决定了革命的性质是资产阶级性质的革命。在革命中，无产阶级发挥了重大的作用，争取民族独立又是东南欧革命的重要内容，所以1848年欧洲革命是一次资产阶级性质的民族、民主革命。

## 1. 1848 年法国革命

### (1) 巴黎二月革命和临时政府

1830年七月革命后，法国建立了七月王

朝，大革命时期的自由派贵族奥尔良公爵之子路易·菲利普任国王。七月王朝则代表资产阶级中最富有的金融贵族集团垄断政权，确切地说七月王朝并不是整个资产阶级的政权，而只是上层资产阶级的政权。实际上掌握政权的是一小部分金融贵族。金融贵族在政治上、经济上反对任何民主改革，奉行极端保守的政策，这不仅使广大劳动人民生活在水深火热之中，而且也严重损害了工业资产阶级的利益。正如马克思所说，七月王朝成了金融贵族"剥削法国国民财富的股份公司"，而"路易·菲力浦是这个公司的经理"。

在七月王朝时期，享有选举权的也只是这个阶层。由于法国宪法规定，只有年缴纳200法郎直接税的人才有选举权，造成中等资产阶级其中包括许多新兴工业家，也享受不到这个权利。这一规定致使3600万居民中只有20人有选举权。在七月王朝的残酷统治下，法国广大劳动人民的生活水平每况愈下，农民在政府的沉重赋税及高利贷者的重利盘剥下，过着半饥半饱的生活。工人在资本家的榨取下，越来越贫困化。可以说七月王朝的腐朽统治，是造成 1848 年法国革命爆发的根本原因。这也决定了法国革命的任务就是要推翻七月王朝的金融贵族统治，建立共和国，实现资产阶级民主，推动法国资本主义进一步发展。

劳动人民，中、小资产阶级和广大劳动人民对现状不满。这些反对七月王朝的中、小资产阶级由于各有不同的政治观点及主张，形成了以下三大派别：第一，王朝反对派，其领袖是巴洛。它从统治阶级中分化，代表中等资产阶级和部分大资产阶级利益。它并不反对君主制，只要求实行一些改革，比如扩大选举权，清洗行政机构，根除贪污腐化现象，建立廉洁政府等；第二，资产阶级共和派。它由一些抱有共和主义思想的资产者，比如作家、律师、军官等组成。它反对君主制，鼓吹共和思想，要求实行保护关税政策。因此，它得到工业资产阶级的拥护；第三，小资产阶级民主派，它以《改革报》派为核心，代表小作坊主、小商人、小手工业者和小知识分子阶层的利益，他们不仅要求推翻七月王朝，建立共和国，还要求实行社会经济改革，改善人民群众的生活条件，实行普选制。资产阶级共和派在反对七月王朝的斗争中比王朝反对派更为坚决，但是它具有两面性。当它遭到金融贵族残酷打击时，特别是当无产阶级在革命中提出自己的要求时，它就害怕革命，阻止革命的发展，甚至公开反对革命。

当时，对法国革命起到推动作用的，还有比较著名的小资产阶级社会主义者路易·布朗。路易·布朗在 1840 年发表了一部著作《劳动的组织》。他在这本书里阐明：工人的贫困、堕落、犯罪及愚昧，都是资本主义社会自由竞争及生产的无政府状态造成的。他认为把劳动组织起来就可以消灭这种现象。他还建议由国家拿出资本，成立"社会工厂"，由国家负责指导和组织生产，在他看来，这样的"社会工厂"普遍成立就可以排挤私人资本主义企业，就可以实现工人的解放。因此，他把工人解放的希望寄托在资产阶级国家上面，他提倡阶级合作，把资产阶级国家看成是超阶级的东西。这种改良主义思想在当时蒙蔽了许多工人，他们天真地相信，在推翻七月王朝之后可以靠资产阶级国家的帮助实现工人的解放。

此外，1845～1846 年法国农业歉收和1847 年的经济，更进一步加剧了法国社会的各种矛盾。由于大革命时期禁止集会和结社的"夏普利埃法"存在，从 1847 年起，资产阶级反对派只能在各地以宴会的形式组织群众性的政治集会，要求进行选举改革。在工农大众的斗争情绪日益高涨的情况下，王朝反对派发起了"宴会运动"，以宴会为名，阻止群众性的政治集会，宣传改革选举制度。1847 年 7 月，在巴黎举行了拥护选举改革的第一次宴会，有一千多人参加，在这次宴会后，法国各地纷纷举行支持选举改革的宴会，这个运动得到了群众的广泛响应，起了发动群众的作用。但是，七月王朝实行高压政策，政府下令禁止宴会活动，使政府与反对派的对立更加明显。

1848年2月22日，资产阶级各反对派决定取消原定于当天举行的宴会和示威游行。路易·菲力浦甚为宽慰地说："人们不会在冬天闹革命！"但是，巴黎无产阶级和广大人民群众没有让路易·菲力浦如愿。工人、市民和学生唱着《马赛曲》，不顾禁令走上街头，仍然举行了大规模游行示威。中午时刻，示威群众高呼"打倒基佐"、"改革万岁"的口号，冲向基佐住宅，把窗户玻璃打得粉碎。傍晚时分，示威游行者分散到邻近各条街道，开始拆毁马路、推倒公共马车，武器铺也被群众捣毁了。2月23日清晨，革命群众与政府军展开巷战，政府派军警进行镇压，示威转变为武装起义。23日夜晚，成千上万的工人和革命群众高举火把，提出"建立共和"的口号，举行了通宵的全城示威游行。值得高兴的是政府军不仅不执行镇压群众的命令，而且公开支持革命。面对这个形势，路易·菲力浦不得不把基佐免职，命有自由主义声望的莫尔伯爵组织新政府，希望以此阻止革命的发展。基佐下台消息传出后，资产阶级认为目的已经达到，准备和七月王朝妥协，共同执政。但是，巴黎的无产阶级决心彻底推翻七月王朝，建立共和制度。他们仍坚守堡垒，继续战斗。

到 24 日，巴黎的无产阶级和群众占领了巴黎所有的兵营和武器库。人民高呼"打倒路易·菲力浦！""共和国万岁！"的口号，攻占王宫。浩大的革命声势迫使莫尔谢绝组阁。国王路易·菲力浦的半身铜像被推翻，国王的宝座被焚烧，在革命热情不断高涨的形势下，路易·菲力浦看大势已去，仓惶逃往英国，二月革命取得了胜利。这场革命是 1789 年法国大革命之后，更深刻、更广泛的革命。

正当巴黎无产阶级和广大群众在大街上战斗的时候，资产阶级却趁机窃夺了革命成果。资产阶级企图保留君主立宪制，他们在人民进攻王宫的同时，召开了立法会议，企图拥立路易·菲力浦的长孙巴黎伯爵为国王。但起义的工人驱散了立法会议，粉碎了资产阶级保留君主制的阴谋。2 月 24 日晚，法国宣布临时政府成立。临时政府由 11 人组成，其中 2 人为王朝反对派，5 人为资产阶级共和派，2 人为小资产阶级民主派，工人代表 2 人即路易·布朗和阿尔伯特。从表面上看，临时政府是由参加革命的各个阶级联合组成的，但实际上，临时政府中绝大多数是资产阶级的代表，重要的职位都被资产阶级所窃据。主席由杜邦·德·累尔担任，外交部长是拉马丁，司法部长是克列米埃，海军部长是阿拉格，财政部长是加尼埃·巴热斯。参加临时政府的工人代表只不过是资产阶级的附属。巴黎二月革命的胜利果实已落入了资产阶级的手中。

2 月 25 日宣布成立共和国，即法兰西第二共和国。临时政府颁布实行普选制，新闻、集会自由，废除对政治犯的死刑等法令，这些法令基本上实现了资产阶级在宴会运动期间提出的各种要求。

不久资产阶级转向了反动，他们调转枪口屠杀工人阶级，工人阶级毫不迟疑发动了六月起义，把 1848 年革命推向了最高峰。

### （2）巴黎工人六月起义

法国在经历二月革命后，无产阶级和资产阶级的矛盾开始上升为法国社会的主要矛盾。

1848 年 4 月 23 日，临时政府举行制宪议会选举，然而在 880 名议员中，资产阶级共和派就占 550 名，所谓的工人代表仅有 18 名。5月 4 日制宪议会开幕，临时政府宣布解散。10日制宪议会选出 5 人执行委员会行使政府权力，其中 4 人是资产阶级共和派代表。共和派掌握政权后，便不再考虑无产阶级的利益，他们否决了路易·布朗关于设立劳动部的提案，通过了禁止集会请愿的决议。这一系列行为激起巴黎工人的极大不满。5 月 15 日，15 万群众举行声势浩大的游行，布朗带领群众冲进议会大厅，向制宪议会提出给失业者工作、对富豪征税、让工人代表参加政府、成立劳动部等要求，全都遭到拒绝。于是，工人群众宣布解散议会，成立以布朗为首的新政府。政府调集军警逮捕了布朗、阿尔伯特等人，下令解散劳工委员会。5 月 17 日，执行委员会任命卡芬雅克为陆军部长，调大军进驻巴黎。1848 年 6 月经济危机已经有所缓和，企业主想扩大生产，为了解决劳动力缺失问题，他们要求解散国立工厂。最后，资产阶级同意解散国立工厂，也是因为它想借此挑起巴黎工人的暴动，以便在工人无准备的情况下粉碎工人的力量。最后政府于 6 月 21 日正式下令解散国家工场，规定 18～25 岁的男工一律编入军队，其余人则送往外地去开荒或做苦力。解散国家工厂使广大工人流离失所，成为工人六月起义爆发的导火线。

1848 年 6 月 22 日，成千上万的巴黎工人走上街头举行示威。当晚，工人们在巴黎东部修筑了 500 多个街垒，举起了"民主的社会共和国万岁"的横幅。23 日，武装起义开始。起义者攻占了许多据点，一直攻到市政厅附近。卡芬雅克集结 20 余万装备精良的军队，对起义进行疯狂镇压。经过 4 天的浴血奋战，起义失败。反动政府对工人进行疯狂的报复，约 11000 名起义者被杀害，25000 人被判处监禁、流放或苦役。

六月起义具有以下几个特点：第一，它是群众性的起义，除了国立工厂工人以外，一般工人也参加了起义。第二，它提出了无产阶级的要求，在起义中提出的口号有"打倒人对人的剥削！合作的劳动组织万岁！"第三，起义提出具体的纲领，解散制宪会议，起草新宪法，推行一切企业的社会化及实行义务教育等。第四，起义有一定的组织性、计划性。巴黎各区都设立了起义的革命司令部，战斗计划是克尔索斯制订的。第五，起义者表现出了无畏的革命气概。起义面前，资产阶级惊慌失措，他们赶忙调动一切力量进行镇压。比如6月24日，制宪会议宣布解散执行委员会，授予共和派将军卡芬雅克以独揽大权，由他负责镇压起义的军事行动。双方力量相差悬殊，与装备及武装都很差的四五万起义者对立的是配备精良武器的30万政府军。因此，26日下午，起义的最后据点陷落，一场轰轰烈烈的六月起义壮烈结束。

六月起义之所以失败，是因为无产阶级革命还不具备胜利的条件。六月起义是世界近代史上无产阶级同资产阶级之间第一次大交锋，起义冲击了资产阶级统治秩序，在国际工人运动史上留下了浓重的一笔。六月起义之失败，是1848年法国革命发展中的重大转折点，因为在以前无产阶级一直是控制局势的主人，从此以后，工人力量被摧毁了，资产阶级可以随心所欲地推行反动政策，这个反动统治发展到顶点，便是1851年政变及波拿巴独裁政权的建立。

（3）路易·波拿巴政变

把六月起义镇压下去之后，制宪议会便于6月28日推选卡芬雅克为国家临时元首——执政，组成了清一色的共和派政府，于是资产阶级共和派不仅控制了制宪会议，而且掌握了行政大权，进而确立了共和派的全面统治。政府下令解散所有的国家工场，严格限制集会结社，制宪会议在1848年11月4日通过了一部宪法，确认了普选制。关于国家组织，宪法规定：立法会议是最高立法机关，每隔 2 年由人民投票选出。总统为最高行政元首，4 年选举一次，也是由人民直接选出。

宪法通过后，总统选举开始。参加总统选举的有 6 个代表。巴黎工人提名当时仍囚禁在监狱中的拉斯拜尔为候选人。小资产阶级各民主阶层的候选人是赖德律·洛兰。资产阶级共和派分为 2 个集团，一个集团候选人是卡芬雅克，另一个集团候选人为拉马丁。大资产阶级的波拿巴派提出了路易·波拿巴为候选人，奥尔良派提出盛加尼埃为候选人。6 个候选人中，卡芬雅克和路易·波拿巴当选的可能性最大，因为卡芬雅克当时是政府首脑，可以充分利用国家政权的力量，来为自己的竞选服务。而路易·波拿巴在当时却受到大资产阶级中有权势的人物的支持。所以，在总统的竞选中，路易·波拿巴便成了卡芬雅克的劲敌。

卡芬雅克为击败路易·波拿巴，便利用其政府首脑的职权，极力拉拢教权派与君主派。为了博得教权派与君主派的欢心，卡芬雅克决定利用意大利事件。1848 年 11 月，罗马爆发起义，推翻了教皇庇护九世的政权，宣布成立罗马共和国。这时卡芬雅克便派遣了一支法国舰队到罗马附近的契维塔——米克基亚保护教皇，准备把教皇送到法国。此举的目的是要使教权派的领袖相信，他比教权派更仇视罗马共和国。然而卡芬雅克的计谋却变成了泡影，罗马教皇拒绝接受法国资产阶级共和派的殷切接待，而甘愿逃到加埃塔，藏身在那不勒斯的刺刀保护下。因此，卡芬雅克不仅没有取得教权派的信任，而且他对君主派和教权派过分地、公开地卑躬屈膝引起了部分资产阶级共和派的愤恨，导致他在资产阶级共和派中丧失了一部分选票。

路易·波拿巴是拿破仑的二弟路易·拿破仑之子，他才能平庸、野心很大，从小受到拿破仑主义精神的熏陶，希望在法国建立一个新的帝国，但他志大才疏，被谑称为"布斯特拉巴"（拿破仑第三）。他曾两次试图夺取法国政权，不过都失败了。由于他 1836 年、1840 年曾两次发动政变失败，被判处终身监禁。1846年越狱逃往英国，二月革命后重返政治舞台。他之所以竞选获胜，是因为共和派丧失人心，工人阶级尚未恢复元气，他的特殊身份和政治欺骗不仅得到了大资产阶级和君主派强有力的支持，而且骗取了工人、小资产阶级和农民的信任。

1848 年 12 月 10 日，总统选举结果产生，大资产阶级的代表路易·波拿巴获得总选票的75％，以绝对优势当选。他之所以当选总统，还有很大一部分原因，是因为当时大部分工人投路易·波拿巴的票，是为了向"六月的屠夫"报仇，他们想借此推翻卡芬雅克的统治。

1848 年 12 月 20 日，卡芬雅克辞去执政职务，波拿巴就任法国总统。但是波拿巴不满足于当总统，他想建立个人独裁，恢复帝制。因此他就任总统后，采取了"先联合未来的敌人，消灭当前的敌人，等当前的政敌被消灭后，再去消灭自己的同盟者"的策略。他先授权巴罗组成"秩序党"，任命尚加尔涅为军队司令，还把许多君主派的将军、政客安插到军警和行政部门，然后促使共和派制宪议会解散。1849年5月重新进行立法议会选举，750个议席中秩序党人获490席，共和派仅得80席。在秩序党击败共和派和"新山岳派"后，路易·波拿巴转而打击秩序党。他收罗流氓无业游民组成"十二月十日社"充当政治打手，1849年11月他罢免了巴罗内阁，任命自己的亲信组成新政府。同时，他经常举行军事检阅，发表蛊惑人心的演说，并且以宴请、重金收买等手段拉拢军队。

到1851年冬，波拿巴感到建立军事独裁的时机已经成熟，他解除了尚加尔涅的职务，代之以自己的亲信。在各方面巩固了自己的权势后，12月1日深夜，路易·波拿巴调集7万多军队控制了巴黎；包围了立法会议大厅，逮捕其中首要的秩序党议员。政变成功后，波拿巴成为军事独裁者，并且在翌年12月举行加冕礼。正式即位为皇帝，法国宣布为帝国，这便是法兰西第二帝国。法兰西第二帝国的建立，符合当时法国社会各阶层要求结束多年的动荡、实现政局稳定的普遍愿望，是资产阶级专政的一种统治形式。波拿巴扮演了革命遗嘱执行人的角色，完成了1848年革命未能完成的任务。

路易·波拿巴独裁是大资产阶级统治的一种特殊形式。这种反革命统治形式是在阶级斗争十分尖锐，而且斗争中主要阶级力量基本平衡。即资产阶级已无力彻底镇压革命力量，而无产阶级力量又很软弱，不能彻底推翻资产阶级的统治的形势下产生出来的。12月2日，波拿巴宣布解散立法议会，逮捕了反对派议员。1852年12月2日，正式宣布法国为帝国，自任皇帝，即拿破仑三世。

马克思和恩格斯非常关注1848年法国革命，他们认为无产阶级革命不能简单地掌握"现成的国家机器"，并运用它来达到自己的目的，而必须彻底摧毁、打碎资产阶级国家机器，推翻资产阶级，建立无产阶级专政。这一结论是对马克思主义国家学说的重大发展。

## 2. 1848 年德意志革命

在全欧范围的农业歉收、经济危机以及法国二月革命的影响下，德意志各邦也爆发了革命。1848 年德意志革命的首要任务是完成国家的统一，革命的次要任务才是消灭农奴制残余。由于当时以普鲁士为首的德意志大多数国家，自从 19 世纪以来就开始解放农奴，尽管这时仍保存着大量的农奴制残余，但封建农业已沿着"普鲁士道路"向资本主义农业过渡，在 19 世纪上半期的德意志仍分成大小 38 个国家，这种政治上的分裂状态严重地妨碍了德意志资本主义工业的发展。

### （1）柏林三月革命

1848 年 3 月 13 日，柏林的广大群众举行了大规模的示威游行。16 日，广大群众同军警发生冲突，死伤 150 余人。3 月 18 日，柏林人民包围了王宫，同时要求国王把军队撤出柏林。国王威廉四世不仅拒绝撤军，而且命令军队向群众开枪，由此激发了武装起义。威廉四世见势不妙，被迫下令将军队撤出柏林，并宣布立即召开国民议会，制定宪法，改组政府。柏林三月革命取得了初步胜利。

3月29日，威廉四世任命资产阶级自由派康普豪森和大银行家汉泽曼组成新内阁。5月22日，普鲁士召开国民议会，从整体上看资产阶级代表在议会中占据优势位置。但是，资产阶级掌权后就立即同反动势力妥协，共同对付革命。

德意志革命的另一个中心是奥地利首都维也纳。3月13日，在柏林三月革命的同时，维也纳的工人、学生和市民也都参加了游行示威，他们高喊"打倒梅特涅"、"宪政万岁"等口号。梅特涅政府派兵镇压，示威迅速演变为武装起义。3月14日，奥皇斐迪南一世被迫罢免梅特涅，梅特涅乔装出逃。3月15日群众包围皇宫，要求实行宪政。斐迪南一世被迫同意召开国民议会，制定宪法，改组政府，并且同意资产阶级成立国民自卫军，大学生组成学生军。

　　3月17日，奥地利新政府成立，4月23日颁布了帝国宪法。宪法规定皇帝掌握军政大权，可以否决法律，原来的封建等级制议会改为新的两院制议会。5月11日颁布的选举法规定了高额的财产资格限制，同时又开始对民主革命力量进行镇压。这些做法使广大人民群众义愤填膺，他们决心将革命进行到底。5月，维也纳的工人、学生、市民先后两次举行大规模武装起义，斐迪南一世逃出首都。政府被迫答应人民提出的召开制宪议会、实行普选制，以及从维也纳撤军等要求。5月起义实际上是3月革命的延续和发展，但反动势力并没有被打垮，他们正积聚力量准备扼杀革命。

　　毗邻法国的西南各邦，如巴登、符登堡、黑森、巴伐利亚等地也先后爆发了革命。城市工人和广大群众举行示威游行，要求撤换反动内阁、废除封建特权，实行宪政。农村广大农民群众则纷纷举行起义，捣毁地主庄园，要求废除封建义务。在革命浪潮的猛烈冲击下，各邦纷纷成立有资产阶级自由派参加的新政府。

## （2）德意志各邦革命和革命失败

但德意志各邦取得的胜利并不稳固，反动势力并未受到致命打击，继法国六月起义被镇压后，德意志各邦的反动势力也开始镇压革命。在奥地利，8月12日斐迪南一世及其随从返回维也纳，9月派兵进驻匈牙利，10月3日正式对匈牙利宣战，并调遣维也纳卫戍部队前往增援，企图一举扑灭匈牙利革命。维也纳人民为了支援匈牙利革命，于10月6日举行武装起义，斐迪南一世再次出逃。但由于起义队伍没有统一的领导，以及资产阶级的动摇妥协，在反动政府的7万军队，200门大炮的围攻下，11月1日维也纳陷落，奥地利革命遭到失败。

在普鲁士，反动势力也非常猖獗。8月18日，各地的容克贵族代表在柏林召开代表会议，号召全国容克贵族都来维护容克的共同利益。军队中一些具有共和倾向的军官均被清洗。11月，国王威廉四世下令改组政府，任命极为反动的勃兰登堡组阁，完全排斥了资产阶级自由派。反动内阁要求议会休会，被议会拒绝后，调集 4 万大军包围柏林，遣散议员。12月 5 日，国王正式下令解散议会，普鲁士的革命最终失败。

（3）法兰克福议会和维护帝国宪法运动

为实现国家统一，5 月 18 日，全德国民议会在法兰克福开幕，出席会议的代表有 573位，绝大多数代表是拥护君主立宪制的资产阶级自由派和贵族，占少数的是资产阶级共和派与小资产阶级民主派，他们主张废除君主制，建立联邦制共和国。他们主要分为两大派：一派主张建立由奥地利皇帝领导的德意志帝国，被称为大德意志派；另一派主张排除奥地利，建立由普鲁士国王领导的德意志帝国，被称为小德意志派。

法兰克福议会召开后，没有采取任何措施巩固三月革命的成果，也没有为实现国家统一采取任何有效的实际行动，而是沉溺于永无止境的宪法讨论中。当德意志各邦相继恢复反动统治时，议会终于在 1849 年 3 月 28 日制定出一部《德意志帝国宪法》。宪法规定：建立统一的德意志帝国，皇帝是帝国的首脑，由议会从德意志各邦君主中选出；中央政府掌管全国的军事和外交，各邦保持其内政独立自主权；立法权属于帝国议会；取消贵族特权；通过赎买，取消农奴制；实行统一的关税、货币和度量衡；公民有信仰、人身、言论、集会、结社等自由。最后，议会选举普鲁士国王威廉四世为帝国皇帝。

《德意志帝国宪法》符合德意志人民要求实现国家统一的愿望，得到了大家的支持，是1848年革命的重大成果。但宪法却遭到各邦政府的拒绝，威廉四世拒绝议会代表团送去的王冠，还向其他邦国发出拒绝承认宪法的通告。奥地利不仅拒绝宪法，而且从法兰克福召回议会代表。巴伐利亚、萨克森等邦也公开拒绝承认宪法。

德意志各邦抵制宪法的行动，激起广大人民的愤慨，由此在全德又掀起了维护帝国宪法运动。1849年5月，在萨克森首府德累斯顿首先爆发了护宪起义，随后，巴伐利亚、普鲁士的一些城市、巴登的卡斯鲁厄等地也都相继爆发了起义，有些地方还成立了临时政府。德意志形成了新的革命形势。由于领导护宪运动的资产阶级民主派不敢积极发动群众，最终动摇妥协，所以在普鲁士和各邦反动势力的联合镇压下，各地起义到 7 月中旬先后遭到镇压并归于失败。

护宪运动期间，法兰克福议会中的绝大多数资产阶级自由派议员纷纷宣布与议会断绝关系，议会中剩下的议员不到 100 人。5 月 30 日议会迁往斯图加特，6 月 18 日被反动军队解散。维护帝国宪法运动的失败和法兰克福国会的解散，标志了 1848 年德意志革命的结束。

1848 年德意志革命是一场资产阶级民主革命。在革命中，工人、农民、手工业者和小资产阶级发挥了主力军作用，他们的革命行动对整个革命进程产生了深刻影响。但这次革命最终以失败而告终，既没有摧毁封建专制统治，也没有完成祖国统一。革命失败的主要原因是资产阶级的背叛，小资产阶级的动摇，以及无产阶级在思想上的不成熟和组织上的涣散。

与早期英法资产阶级革命不同，1848 年德意志革命中的资产阶级已经不是一个生气勃勃能够领导革命的力量，他们在革命中表现出动摇、萎靡，甚至退缩的态度。在 1848 年革命前，德意志工业革命已经开始，工人阶级已经出现，工人人数虽然不多，但是他们在西里西亚起义中所显示出来的威力已足以使德意志资产阶级畏惧，尤其是西欧无产阶级的革命运动已蓬勃开展，特别是英、法的工人斗争，吓怕了德意志资产阶级。

起义之所以失败，其他部分原因在于领导运动的小资产阶级胆怯、动摇及缺乏坚决性，他们没有采取积极进攻战略，而只限于消极防御。同时他们也没有提出消灭农奴制残余的纲领，因而没有得到广大农民的支持。起义失败的另一个原因是法兰克福国会没有起应有的作用，而采取了逃避的态度，结果它也没有避免了"强迫解散"的命运。

### 3. 1848 年意大利革命

1848 年革命前，意大利处于封建分裂状态，除了撒丁王国是唯一独立的邦国外，各封建专制小国都直接或间接地受奥地利或西班牙的统治，严重阻碍了意大利资本主义的发展。这种四分五裂的封建割据状态和外族的压迫，严重阻碍了意大利社会的正常发展。19 世纪初，南部建立了反对法国的秘密组织"烧炭党"。19 世纪 30～40 年代，随着经济的发展，要求民族独立、消除封建割据、实现国家统一的呼声日渐高涨，民族运动蓬勃兴起。其中最突出的是以马志尼为首，于 1831 年成立的"青年意大利党"的活动。该党旨在唤醒意大利的民族意识，传播民主共和思想，并组织起义。

1848 年 1 月，西西里岛首府巴勒莫人民首举义旗，击败了国王的军队，建立了资产阶级自由派的临时政府。米兰、威尼斯等地相继爆发了起义。撒丁王国、那不勒斯、托斯卡纳的封建统治者被迫对奥地利宣战。由于各国君主和资产阶级自由派的妥协，反奥战争遭受挫折。当资产阶级自由派脱离革命，而资产阶级民主派成为革命的领导者后，出现了以罗马为中心的革命新高潮。1849年2月9日，以马志尼为首的罗马共和国宣告成立。4月3日，法国、奥地利和两西西里王国的反动联军颠覆了罗马共和国。8月22日威尼斯陷落，意大利1848年革命失败。

意大利革命大致分为两个阶段。1848年1~8月为第一阶段。1月12日，西西里岛首府巴勒摩爆发人民起义，建立了资产阶级临时政府。在巴勒摩影响下，各邦相继宣布立宪，建立有资产阶级自由派参加的新政府。奥地利统治下的伦巴底和威尼斯也纷纷爆发起义，赶走了奥地利势力，建立了政权。随着革命活动的高涨，各地人民群众纷纷要求对奥地利宣战，争取民族独立。3月24日，撒丁王国首先对奥宣战，开始了意大利民族反奥独立战争。各邦相继参战，广大人民群众纷纷组织义勇军和志愿军开赴前线，其中最著名的是加里波领导的志愿军。在战争初期，意大利取得了一些胜利，原来处于奥地利统治下的伦巴底、威尼斯、帕尔马、摩德纳等公国相继与撒丁王国合并，但由于领导反奥战争的君主们害怕革命进一步发展以及军事上的失误，导致战争失利。6月以后，随着全欧洲革命进入低潮，奥地利也加强了对意大利革命的镇压。7月25日，撒丁王国军队在库斯托萨战役中惨败。8月9日，撒丁王国和奥地利签订和约，奥地利又恢复了在伦巴底、威尼斯等地的统治。

1848年8月～1849年8月是革命第二阶段。反奥战争失败后，意大利人民并未屈服，1848年8月11日，威尼斯人民又举行起义，民主派领袖曼宁宣布威尼斯为独立的共和国。23日，托斯卡纳爆发人民起义。11月15日，罗马也爆发了革命，推翻了教皇的世俗政权，1849年2月9日建立了以马志尼为首的罗马共和国。意大利各地革命的重新高涨，使撒丁国王阿尔伯特极为不安。为了重掌意大利统一的领导权，1849 年 3 月 12 日他再次对奥宣战，但是战争只进行了 21 天，撒军在诺瓦拉战役中惨遭失败。新继位的撒丁国王维克多·厄曼努尔二世与奥地利签订停战协定，第二次反奥战争再一次以失败告终。此后，意大利反动势力气焰嚣张，奥、法、西、俄等国也组织联军共同镇压意大利革命。1849 年 7 月 3 日法军攻占罗马，共和国被颠覆，教皇政权重新恢复。8 月 22 日，威尼斯被迫投降，意大利革命至此全部结束。

## 4. 1848 年匈牙利革命

1848 年革命前，匈牙利受奥地利统治，奥皇兼任国王，匈牙利处于奥地利哈布斯堡王朝统治之下，由总督代行统治。匈牙利虽然设有议会，但形同虚设，在文化、经济方面都受奥地利的压制和束缚。从 19 世纪 30 年代起，随着资本主义的发展，新兴资产阶级要求摆脱奥地利的统治，消灭封建制度，建立独立的民族国家。

1848 年 3 月 15 日，匈牙利首都佩斯爆发起义。领导人是资产阶级的代表山多尔·裴多菲，佩斯的革命者在裴多菲的领导下，通过了实行资产阶级改革的政治纲领——《十二条》，并强迫市长签字。主要内容为：保障信仰、集会和出版自由；法律面前人人平等；废除劳役制和贵族特权；成立责任内阁和国民自卫军；撤出外国军队；释放政治犯等。这是一个温和的政治纲领，虽然没有提出匈牙利争取独立的要求，但对动员人民群众却起了重大作用。起义者当天就控制了整个首都，成立了政权机构公安委员会。佩斯起义后其他各地也相继发生了革命，最后奥皇斐迪南一世被迫同意成立匈牙利责任内阁，并于 3 月 17 日授权资产阶级化贵族温和派的代表包贾尼·拉约什组阁，第一届匈牙利责任内阁成立。第二天，议会和政府通过一系列法令，宣布匈牙利在军事和财政上独立，取消劳役制和什一税，废除免税特权，实行普遍征税等。

但 1848 年 6 月以后，随着维也纳、布拉格等地起义被镇压，9 月 11 日奥军也大举进犯匈牙利，匈牙利革命进入民族解放战争阶段。22 日，匈牙利议会罢免了内阁，成立了由科苏特任主席的国防委员会。匈牙利人民英勇抗战，将奥军赶出国境。奥皇镇压了维也纳十月起义后，调集 20 万大军再次侵入匈牙利，1849 年 1 月 5 日占领佩斯。匈牙利军民坚持战斗，展开反攻，于 4 月初扭转战局，正式宣布匈牙利独立。4 月 14 日匈牙利议会通过了《独立宣言》，废除哈布斯堡王朝的统治，宣布匈牙利独立。5 月 21 日匈牙利军队攻克首都佩斯，匈牙利民族解放战争取得了胜利。为了镇压匈牙利革命，俄国于 5 月 27 日出动 14 万大军入侵匈牙利。在 7 月 7 日和 11 日的科马罗姆会战中，匈牙利军队惨败。9 月 27 日科马罗姆要塞陷落，匈牙利革命最终失败。裴多菲也在保卫祖国的战斗中献出了宝贵的生命。匈牙利革命的失败，标志着欧洲 1848 年革命告终。

1848 年革命发生在西欧资本主义发展的较高阶段，即资本主义已进入机器生产的时代，阶级力量对比已有了显著变化。英法等先进国家的无产阶级已成为一支独立的政治力量登上历史舞台，影响着革命的进程，给革命打上了本阶级的烙印。但无产阶级还不够成熟，没有自己的政党，还处在小资产阶级的影响下，因而没有成为革命的领导力量。资产阶级在领导这次革命时，一方面和劳动人民同封建势力搏斗，另一方面资产阶级又不得不和无产阶级进行你死我活的斗争，这就决定了资产阶级的软弱性、妥协性和动摇性。他们已经失去了十七八世纪英、法资产阶级革命时期的革命精神，由于害怕站在身旁的无产阶级，所以总是处于畏首畏尾和动摇之中，形势不利时甚至叛变革命，反而与反动势力结成联盟反对革命；小资产阶级与农民也发生了变化，法国的小农从革命走向了保守，其他国家的农民也未能摆脱资产阶级的影响。

1848 年欧洲革命打击了欧洲各国的封建专制制度。1849 年，欧洲革命烈火被反动势力扑灭，但是对欧洲封建制度给予沉重的打击，促进了资本主义的发展。它摧毁了反动的神圣同盟和维也纳体系，为资本主义的发展扫清了道路；它锻炼了法、德等国的无产阶级以及革命群众，丰富了科学社会主义的理论，对于马克思主义和后来欧洲工人运动，以及社会主义运动的发展有着深远的影响。

## （四）1905年俄国革命

俄国位于欧洲的边缘，由欧洲和亚洲之间的大块缓冲地带构成，正是这一位置的缘故，欧洲人时常把俄国视为异己，俄国渴望着与西方的交往，从沙皇彼得大帝开始的俄国近代化，实际上就是俄国西方化的过程。但俄国的西方化并不彻底，它是表现在理论上的西化，现实中的俄国特色。比如，以"开明专制"而闻名于世的叶卡特琳娜二世，一面崇尚法国启蒙运动，另一面却谴责法国大革命。所以在西方轰轰烈烈地进行资产阶级革命时，俄国却沉默了一个半世纪。然而进入 20 世纪后，俄国的工人阶级终于在沉默中爆发，于 1905 年拉开了 20 世纪世界革命的序幕。

20 世纪初，俄国社会存在着两种矛盾：一种是农奴制残余与资本主义之间的矛盾；另一种是资本主义生产方式内部工人阶级与资本家之间的矛盾。在这两种矛盾中，前者在当时占据了主导地位，工人阶级迫切要求推翻沙皇专制统治，而广大农民强烈要求摆脱农奴制束缚获得土地，资产阶级民主革命是不可避免的。

1903 年，俄国工人运动迈出了具有历史意义的一步。同年 7 月，俄国社会民主工党第二次代表大会先是在比利时布鲁塞尔召开，后迁至伦敦的一个渔民俱乐部举行，出席大会的 43 名代表在历时 24 天的会议中，围绕制定党的纲领、章程和统一的组织机构等问题展开了激烈讨论，在想法和意见的多次碰撞和磨合中，布尔什维克第一次形成了自己的旗帜。在这次代表大会上，围绕党纲的制定分成了火星派、反火星派和中间派。以列宁为首的火星派因主编火星报而得名，他们坚持把实行无产阶级专政写进党纲，这在当时欧洲各国工人政党中是独一无二的，后来火星派取得了胜利。之后，火星派内部围绕着党章，特别是党员资格问题又发生了分歧。列宁认为，党员应该承认党纲，在物质上帮助党，并且党员要参加党的一个组织，而持反对意见的马尔托夫一派认为，党员不必非得参加党的一个组织。最后在选举党的领导机构中，列宁一派获得了多数，按照在俄文多数一词的读音，列宁一派被称为布尔什维克，反对派被称为孟什维克。这样，布尔什维克和孟什维克的派别由此形成。

就在布尔什维克党诞生后的第二年，一场风暴席卷了整个俄国。刚刚进入 20 世纪，严重的经济危机横扫俄国，工业生产几乎瘫痪，财政危机接踵而至，工人群众的反抗斗争从北到南，波及各大城市，乌克兰、伏尔加河沿岸、格鲁吉亚等地，相继发生了工农暴动，首都彼得堡成了这场风暴的发源地。

1905年1月，彼得堡普梯诺夫工厂工人率先举行罢工。之后，罢工很快蔓延开来，参加人数达15万之众。他们在一个名叫加邦的牧师鼓动下，准备到冬宫向沙皇尼古拉二世递交请愿书。一些人想到他们能见到沙皇一面，甚至激动得热泪盈眶。然而，此时尼古拉二世却在准备着一道嗜血的宴席，几十个营的近卫军步兵和骑兵被指定充当无情的刽子手。尽管布尔什维克党提醒工人，自由不能靠请愿获得，而应靠斗争去争取。但是善良的人们还是跟着披着黑色斗篷、胸前挂着十字架的加邦牧师走向冬宫。

1905年1月22日，俄历1月9日，一个晨雾茫茫的星期日，彼得堡工人及其家属约20万人，举着三色国旗和尼古拉二世的肖像，踏着积雪向冬宫广场聚集向沙皇情愿，要求实行民主改革。然而，早已在各个主要路口严阵以待的近卫军，却用子弹和马刀向手无寸铁的请愿群众展示了残暴和血腥，打死1000多人，打伤2000余人，鲜血染红了积雪的广场。这就是著名的"流血星期日"。流血星期日成了引发第一次俄国革命的火星。

流血星期日事件打破了工人对沙皇的幻想，一时之间，"武装起来"、"推翻封建专制制度"、"打倒暴力沙皇"成为千百上万个工人群众的强烈呼声。彼得堡、莫斯科等中央工业区纷纷举行工人罢工和游行示威，罢工运动迅速扩大全国。1 月 22 日以后的三个月内，罢工人数超过了 80 万，布尔什维克直接领导了罢工运动，并且号召工人在罢工中把经济要求与政治要求结合起来。

伴随革命运动的发展，广大的农民群众受工人运动的影响也开始参加革命运动。欧俄的 501 个县有 104 个县爆发了革命运动，起义农民焚烧地主庄园，夺取粮食，甚至分了地主的土地。当时的政府军队也发生了动摇，1905 年 6 月，俄国黑海舰队"波将金"号，因生活条件恶劣，在敖德萨发生水兵起义。海军司令部急忙调动舰队应对"波将金"号，不过，面对飘着红旗开来的"波将金"号，执行拦击任务的各舰水兵用一阵阵乌拉的欢呼向它表示敬意。虽然起义因未与工人运动结合最后导致失败，但却表明沙皇专制统治的内部已出现了巨大裂痕。

尽管当时各地工人运动的迅速发展，充分显示出了无产阶级的伟大力量，但沙皇政府因握有政权，仍然可以随时打击革命。1905 年 3 月，沙皇政府颁布敕令，要求召开咨询性的杜马（杜马俄文的意思就是思想和思维，而思想集中、集思广益的地方往往是会议，因此它又引申为会议。俄国的杜马，实际上指的就是议会）会议。这显然是为了拉拢自由资产阶级缓和革命带来的困境。关于沙皇的敕令，无产阶级和资产阶级有着不同的看法。布尔什维克认为，沙皇的许诺具有欺骗性，必须抵制杜马会议，坚决推翻沙皇统治。而自由资产阶级则认为，杜马会议虽然不具有立法职能，但可以利用它与沙皇进行合作，乘风起云涌的国内革命之东风，迫使沙皇作出更大的让步，以获得更大的利益。由于广大群众对布尔什维克的支持，咨询性杜马会议最终未能召开。

为了指导不断高涨的工人运动，争取革命的胜利，1905 年 4 月，布尔什维克倡议在伦敦召开社会民主工党第三次代表大会，制定正确路线来指导革命，但孟什维克却拒绝参加。会议由列宁主持，第三次代表大会首先明确了 1905 年俄国革命的性质是资产阶级民主革命。而革命的任务是消灭农奴制残余，打倒沙皇专制制度，建立工农民主专政。革命的策略是无产阶级领导资产阶级革命与农民结成联盟，通过举行武装起义推翻沙皇制度，最终建立临时革命政府，从而完成资产阶级民主革命向社会主义革命的转变。孟什维克则在日内瓦单独召开了自己的代表大会，制定了一条与第三次代表大会迥然不同的机会主义路线，他们否定了无产阶级在资产阶级民主革命中的领导权，否定与农民的联合而主张联合资产阶级，在革命胜利后也不主张派代表参加临时政府。

在社会民主工党第三次代表大会后，布尔什维克积极推动革命的继续发展，工人的罢工运动再次掀起高潮，斗争中心也由彼得堡转向了莫斯科。10月6日，莫斯科——喀山铁路附属工厂爆发工人罢工；10月7日，罢工扩展到莫斯科枢纽站的大多数铁路；10月12日，全国14条最大的铁路工人参加罢工，由此引发了一场著名的全国性总罢工。另外，从明斯克到海参崴，参加罢工的人员范围不断扩大，不仅有工人，还有学生、教师、工程师、商店店员、邮电职工等，总人数达到200万。十月总罢工期间，各地都产生了工人代表苏维埃，有序地组织和领导罢工运动，发挥了临时革命政府和地方领导机构的作用，到后来则转变成了武装斗争的领导机关。

全国总罢工导致了沙皇政府的瘫痪，为了摆脱困境，沙皇不得不以退为进，10月17日颁布法令，决定赐给公民人身不可侵犯以及信仰、言论、集会、结社自由，提出扩大选举权，并再次召集国家杜马会议。与上次不同，这届杜马会议被赋予立法机关职能，没有它的批准，任何法律不得生效，这是沙皇政权在群众革命运动推动下从君主专制转向君主立宪的一步。很多人为宣言欢欣鼓舞,认为沙皇已经投降了。但列宁当时就发出警告:沙皇还远远没有投降,专制制度根本没有不复存在。实际上,沙皇是要在俄国宣布实行君主立宪制度,孟什维克和资产阶级对沙皇颁布的这个"十月十七日宣言"非常满意,而布什维克则再次揭露了沙皇企图积聚反对力量伺机破坏革命的阴谋,要求工人继续发动武装起义,推翻沙皇政府。12月18日,莫斯科的布尔什维克委员会向苏维埃提议宣布政治总罢工。12月20日,莫斯科各工厂汽笛鸣响,参加罢工的工人达到15万人。12月22日,政治总罢工发展成武装起义,沙皇的政府军队与工人激战9天。莫斯科的起义很快蔓延到其他城市,在一些地方,沙皇政府被推翻。在布尔什维克党的领导下,罢工转变成了武装起义。起义工人在市内筑起大大小小的街垒,与沙皇军队展开了激烈的巷战,莫斯科的工人居住区是战斗最激烈的地方。但是由于沙皇政府的极力反扑,并在优势兵力和大炮的帮助下，局部的胜利并没有改变整体的政治大形势，莫斯科起义失败，十二月武装起义遭到残酷镇压。十二月武装起义是1905 年革命高潮的顶点，此后，革命转入低潮。这场有布尔什维克党积极参加、工人群众在其中充当主力的革命运动，显然是一场资产阶级民主革命。

沙皇许诺的杜马会议于 1906 年 4 月下旬在彼得堡的塔夫利达宫召开，但这届杜马会议仅仅存在不到三个月就夭折了。与此同时，一位在俄国历史上颇有名气的政治家走到了俄国政治舞台，他就是斯托雷平。上台之初，斯托雷平一方面恢复秩序，一方面着手改革。1906年 11 月，由他主持制定的土地改革方案问世。按照该方案，农民可以自由支配自己所拥有的土地，他们也可以退出村社，组成自己的农庄。斯托雷平的改革方案在第二届杜马会议中遭到抵制，关于土地问题更激进的主张在杜马会议中占了上风。恼怒的沙皇和斯托雷平在1907 年 6 月初解散了第二届杜马。第二届杜马

被解散，标志着俄国 1905～1907 年革命的
结束。

1905 年革命的失败有着极其深刻的教训。
首先革命失败的主要原因是农民运动的发展还
很不充分，未能建立巩固的工农联盟，并且在
起义以前苏维埃的主要领导人就相继被捕，工
人缺乏有效的组织和领导。其次，社会民主党
内部的分裂造成无产阶级队伍不统一，也影响
了工人思想意识的统一，削弱了工人阶级整体
的战斗力。特别是孟什维克的机会主义路线，
分裂了工人队伍，使无产阶级没有充分发挥领
导作用。此外，沙皇政府有强大的军队，有资
产阶级的支持，并得到西方帝国主义的援
助等。

总之，1905～1907 年的俄国资产阶级民主
革命，是一次在无产阶级领导下发生的资产阶
级民主革命。同时它也是帝国主义时代开始后
的第一次革命，虽然革命失败了，但它的历史
意义重大。它给世界历史打上了深刻的烙印，
并开始了世界革命的新时代，即落后国家及殖

民地国家革命唱主角的时代。俄国也从此成为世界革命的重要组成部分，其影响几乎持续了整整一个世纪。对俄国而言，它使广大的人民群众进一步认识到了沙皇制度的反动本质，沙皇专制制度受到革命的冲击使沙皇再也不能按照过去的方式统治下去，沉重打击了沙皇制度。1906年沙皇政府不得不遵守诺言，召开第一届立法杜马会议，1907年又召开第二届立法杜马会议。资产阶级在最高权力机构的地位和权力扩大了，俄国向君主立宪制迈出了一步。对于工人阶级来说，革命中布尔什维克党和劳动大众受到了极大的政治教育和锻炼，丰富了他们政治斗争的经验和组织工作的经验，使他们的战斗力大大提高，为以后的斗争做好了准备。对俄国来说，无论是这场革命的果实还是教训，都是一笔财富。

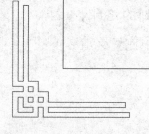

# 三、中国资产阶级民主革命的兴衰

　　一百多年前发生的辛亥革命，是中国近代史上一场具有划时代意义的资产阶级民主革命，它推翻了清政府的腐朽统治，结束了统治中国两千多年的君主专制制度，是 20 世纪中国历史的第一次飞跃。辛亥革命推动了中华民族的思想解放，为中国的进步潮流打开了大门。而后中国共产党作为辛亥革命未竟事业的忠实继承者，在它的领导下，中国人民先后取得了新民主主义革命和社会主义革命的胜利，走上了建设中国特色社会主义的复兴之路，从

MA LIE ZHU YI CHANG SHI GONG MIN DU BEN

而彻底改变了中华民族的历史命运。

# （一）中国人民的抗争与探索
## ——辛亥革命的兴起

1840年鸦片战争爆发，英国以坚船利炮打开了古老中华帝国的大门，揭开了中国近代史的序幕，中国自此开始陷入半殖民地半封建社会的深渊。亡国灭种的威胁，时刻笼罩在每一个爱国者的心头。

在帝国主义列强与封建统治者的双重压迫下，民生凋敝，全国各地人民群众的反抗风起云涌，社会矛盾的日渐激化达到了空前的程度。各省普遍爆发抗捐、抢米的斗争，参加者多达几万人。这些斗争汇集成汹涌的巨澜，沉重打击了清王朝的统治。同时，中国社会阶层也发生了新的变化，伴随着资本主义经济的发展，中国民族资产阶级的队伍逐步发展起来。

他们联合起来组织商会，开始独立地向全社会表达资产阶级的意志和要求。随着废除科举，振兴学堂，出国留学蔚然成风，中国产生了不同于以往的新型知识分子群体。他们创办报刊，组织团体，发动了多次爱国运动，迅速成长为政治变革的先锋。这些先进分子在和平渐进的改良屡屡受挫之后逐渐意识到，只有通过革命斗争的手段，彻底倾覆清朝政府，推翻君主专制制度，才能建立独立的国家，中华民族才能摆脱被奴役的命运。

1894 年 11 月，孙中山在美国檀香山创立了第一个革命团体兴中会，以"振兴中华、维持国体"为号召，以"驱除鞑虏，恢复中华，创立合众政府"为入会誓词。1895 年，孙中山在香港建立兴中会总部，并着手策划在广州发动起义，后因起义失败，孙中山流亡国外。他在日本、美国等地的华人华侨中宣传革命思想，继续发展兴中会组织。清政府将孙中山视为叛逆重犯，命令驻外使馆密切注意其行踪，同时雇了大批暗探在海外侦察，伺机将其缉拿。1896 年 10 月，孙中山在英国伦敦时被清朝使馆人员劫持，清朝使馆此举是对英国法律和威望的冒犯，所以，英国政府得知消息后立即进行交涉，报纸也报道了相关新闻，清朝使馆迫于压力不得不把孙中山释放，孙中山伦敦蒙难的经历扩大了他在华侨中的影响。

1900 年后，反对帝国主义侵略的群众爱国运动渐渐兴起，资产阶级、小资产阶级、爱国知识分子对于中外反动势力相互勾结的关系有了新的认识，对自上而下的改良深感失望，倾向革命的人日益增多。国内的革命书刊也纷纷涌现，这些书刊公开宣传民主革命思想，促进国内革命形势迅速发展。1900 年 10 月 6 日，兴中会在惠州发动起义，由于缺乏粮饷军械最终失败。

但此时兴中会已不再是孤军奋战，许多以推翻清朝为宗旨的革命团体出现。据统计，从1894 年兴中会成立到 1905 年同盟会成立前，海内外共成立革命团体 66 个，绝大部分都成立于 20 世纪初期。这些革命团体虽然规模不大，但却为革命力量的集结、联合打下了基础。1905 年 8 月 20 日，在孙中山、黄兴的努力下，中国同盟会在日本东京正式成立。同盟会提出"驱除鞑虏，恢复中华，创立民国，平均地权"的十六字纲领，具备了近代资产阶级政党的规模，并成为当时领导全国革命运动的中心。同盟会组织系统分本部、支部、分会三级，本部设于东京，在国内设有 5 个支部，国外设有 4 个支部，各支部统辖下属的分会。分散在国内外的各类进步人士，尤其是青年知识分子纷纷入盟，朝气蓬勃地开展各项救国革命活动。

## （二）民主革命的斗士
### ——民主革命时期的著名思想家、宣传家

在资产阶级民主革命过程中，涌现出了一批著名的思想家、革命家和宣传家，他们活跃

在革命斗争中，为革命运动抛头颅洒热血。

### 1. 革命先驱——孙中山

中国近代伟大的民主主义革命家和思想家孙中山，是中国资产阶级最杰出的代表人物。虽然他受过封建传统教育，但是更重要的，对他一生的思想认识和社会实践起着决定性作用的，则是他在青年时代所受到系统的西方近代教育。孙中山学习了西方资产阶级民主主义思想，结合中国国情，提出了三民主义学说，希望以资产阶级共和国的模式，挽救民族危亡，找到国家和民族的出路。然而，孙中山却未能看到当时的清政府逐渐变成了若干帝国主义国家共同控制下的"洋人的朝廷"，而他的革命实践始终没有把自己置于与西方帝国主义列强对立的地位，长期对帝国主义抱有幻想。这就严重地影响了中国旧民主主义革命进程，也预示了失败的结局。

孙中山领导的辛亥革命是中国近代历史上一次"逐欧风倡自由"的具有比较完全意义的

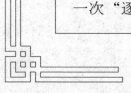

资产阶级民主革命。辛亥革命打着"欧洲思潮"的旗号，从西方搬来了民主共和国方案。孙中山称这次革命为共和革命，并提出了三民主义和五权宪法一套完整的建立民主共和国的方案。在世界近代历史进程中，资产阶级民主革命时代，恰恰是民族运动和民族国家建立的年代，孙中山等革命派有明确和完整的近代民族主义意识，他们主张在中国建立一个"民族共和国"，把中国变成一个足以和西方各国并驾齐驱的国家。孙中山的伟大在于：在这样一种环境中，能高举民族、民权、民生三大主义的旗帜，坚持真正的资产阶级民主革命。他的悲剧也在于此：中国的资产阶级是那样的软弱，以至于他所领导的革命，不可能取得彻底的成功。

孙中山的革命思想有一个形成和发展的过程。在1894年上书李鸿章之前，他所能提出的"还只是一种资产阶级的地方自治的思想"，这在1890年他给洋务派的一位重要官员郑藻如的信中，表述得十分明确。在信里，他毛遂自荐，所试的东西则是奖励桑蚕、禁戒鸦片和提倡教育三大项。在此以前，他还上书给香山知县李征庸，请求对他在自己家乡翠亨村发起修路之举，给予支持。应该说，这时的孙中山，还只是要求在一定范围内，实行社会改良。由上书给李征庸、郑藻如到上书给李鸿章，受书者在全国的影响扩大了，但孙中山的社会改良思想，基本上没有变化。孙中山要求统治者采纳他的主张以实行社会改良的范围是逐步扩大的：起初着眼于改良乡政，继而在一县作试验，成功后逐步推广到各地；再就是给李鸿章设计一个改造中国的总蓝图，以备清朝当局在全国范围内施行，而当这一场努力成为泡影时，他就抛弃对清朝统治者的幻想，决意走向革命。当改良的幻想宣告破灭之后，孙中山不仅自觉地顺应时代潮流不断前进，由社会改良走向社会革命，而且在革命的过程中，也是走在同时代人的前面。把同盟会总章中的"驱除鞑虏、恢复中华、创立民国、平均地权"和同时期的光复会的誓词"光复汉族、还我河山、以身许国、功成身退"相比较，虽然彼此宗旨并不相悖，但二者之间，在范围和目标上有所差别。这是孙中山革命思想和革命实践的伟大之处。他虽然没有超出他所处的时代给予他的限制，但他站在时代的最前列。由于他所领导的革命，是发生在欧、美和日本等国家已经进入矛盾尖锐的垄断资本主义的时代，他已经从西方国家经验中看到资本主义的不良后果。虽然他提出的预防办法，并不能消弭资本主义的祸害，但这仍不失为在历史提供给他的特定舞台上，把革命活动发挥到了极致。他的晚年由旧三民主义向新三民主义的转变，是当时中国资产阶级民主革命所能达到的最高峰。孙中山在不断前进，中国也在不断前进。

## 2. 出了名的"章疯子"——章太炎

章太炎出身于一个世代书香门第而后又遭败落的家庭，见证了戊戌维新改良运动和资产阶级民主革命两个时期的历史，是我国近代杰出的资产阶级革命家和思想家。辛亥革命后，他退居书斋，钻研学问，成为一代儒宗。在学术上，一生著述颇丰，他涉猎甚广，经学、哲学、文学、语言学、文字学、音韵学、逻辑学等方面都颇所建树。主要著作由后人编入《章氏丛书》、《章氏丛书续编》和《章氏丛书三编》，自 1982 年起上海人民出版社陆续出版《章太炎全集》，有中国文化百科全书之称。章太炎的特点是为革命抛头颅、洒热血，讲课时绘声绘色，虽一度为当权者所利用，但是有着生命不息、革命不止的战斗精神。但是他学问大，脾气怪，因此有了一个绰号"章疯子"，他个人在做事上也常有惊人之举。

比如章太炎征婚，1902 年，章太炎的原配夫人王氏染病去世。当时他才 34 岁，于是他在 1903 年于北京《顺天时报》上赫然刊登《征婚告白》寻觅配偶。章太炎的征婚词中明确提出了五点要求：女方是湖北人，大家闺秀，性情开放，通文墨，精诗赋，双方平等，夫死可嫁，亦可离婚。章太炎的这一壮举开创了中国近代知识分子公开征婚的先例，在当时无异于振聋发聩，充分反映出他痛恨封建礼教，提倡女权的战斗精神。但在当时的晚清遗老遗少眼中，他的征婚要求无疑是悖德行为，还引起了许多人的讥笑。很多名门闺秀得知望而却步，直到 1913 年经友人介绍，章太炎才结识了条件均合适的汤国梨女士，结为伉俪。

### 3. 生时"马前卒"、死后"大将军"——邹容

为了救亡生存，许多爱国志士在实践中摸索探求。邹容就是这个时期站在历史潮头一位杰出的思想家和宣传家，他以《革命军》作为进军的号角，将 20 岁的热血之躯奉献给中国资产阶级民主革命事业。1902 年，为探求救国救民的真理，邹容自费去日本留学。在东京同文书院学习期间，一边关注祖国的命运，一边如饥似渴地阅读卢梭、孟德斯鸠的著作和美国、法国资产阶级革命的历史，接受西方资产阶级革命时代的"天赋人权"、"自由平等"的思想，并把它们变为扫荡清朝封建专制统治和

反对帝国主义侵略的思想武器。

1903 年 5 月，邹容完成了宣传民主革命的著作《革命军》。在这本书中，邹容提出要用革命的手段推翻清朝的皇权，建立资产阶级民主国家，并为这个国家定名"中华共和国"。《革命军》为两千多年的封建专制制度敲响了丧钟，为资产阶级民主革命吹响了号角，成为一篇名副其实的反帝反封建的战斗檄文。在这部书的结尾，邹容高喊："中华共和国万岁！""中华共和国 4 万万同胞的自由万岁！"这部书被誉为中国近代的《人权宣言》。孙中山赞誉它"为排满最激烈之言论"，"能大动人心，他日必收好果"的作品。该书对当时日益高涨的资产阶级革命思潮起了极大的推动作用。满清政府惶惶不安，他们勾结帝国主义对革命党人进行残酷的迫害，逮捕了章太炎和邹容等人。

邹容在狱中受尽虐待，献出了年仅 20 岁的生命。但《革命军》一书风行全国，不少人正是受这本书的鼓舞，走上了革命道路。辛亥革命胜利后，孙中山领导的中华民国南京临时政府，为表彰邹容的革命业绩，追授他"大将军"的军衔。生时"马前卒"，死后"大将军"，生动地表现了这位青年革命家短暂的一生和他在近代资产阶级革命史上的特殊功勋。

### 4. 为国绝命——陈天华

陈天华早年就读于长沙岳麓书院，1903年留学日本，1904年与黄兴、宋教仁等在长沙创立华兴会，并组织武装起义。1905年加入同盟会，任《民报》编辑，以通俗的说唱体著有《警世钟》、《猛回头》、《狮子吼》等作品，宣传革命思想。

1905年10月，陈天华等人在东京参加了反对日本文部省公布的《清国留日学生取缔规则》活动。这个规则有很多内容，主要有三条：第一是中国留学生一定要在清朝政府驻日公使和日本学堂登记，留学生的活动、到哪里去都得要登记；第二通信要登记，给国内的朋友写信都必须登记；第三不准住到别的地方去，只能住在留学生学校的宿舍。这个规则一推出，就引起广大留日学生的抗议，但是留学生们在该如何具体应对上出现了严重分歧。一派以秋瑾和宋教仁为代表，主张全体同学罢学回国；一派以汪兆铭和胡汉民为代表，主张忍辱负重留在日本继续求学，两派发生了激烈争论。当时的《朝日新闻》攻击中国人缺乏团结力，污蔑中国留学生是"放纵卑劣"的一群。陈天华非常愤慨，他留下《绝命书》五千言，并致留日学生总会一信，于 1905 年 12 月 8 日晨，在东京大森海湾投海自尽，用自己的生命让中国人在羞愤中意识到国人的缺陷与陋习，督促、劝戒、警醒国人务必正视这些缺陷陋习并加以改变。1905 年 12 月 25 日，黄兴为《绝命书》作跋，孙中山称赞其为"热心血性的革命党"。

## 5. 鉴湖女侠——秋瑾

秋瑾出生于一个官宦家庭，曾祖父秋家丞曾任县令。1886 年，其父秋寿南在台湾，嘱亲戚何禄安护眷赴台。秋瑾随母亲兄妹道经上

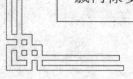

海，耽搁数月，后搭粮船成行。海上遇台风，数日后，安抵台北。三月后，随母亲兄妹返回厦门。1894年秋寿南任湖南省湘乡县督销总办时，将秋瑾许配给湘潭县荷叶乡王廷钧为妻。1896年二人结婚。王廷钧在湘潭开设"义源当铺"，秋瑾大部分时间住在湘潭，1897年生子元德，1901年生女桂芬。1903年，秋瑾与吴芝瑛结拜，中秋，秋瑾身着男装到戏院看戏，轰动一时。不久，秋瑾和丈夫发生婚姻危机，然后离婚。1904年，秋瑾变卖首饰筹集资金于5月东渡至日本，先后入日语讲习所、青山实践女校。在日本期间，秋瑾积极参加留日学生的革命活动，与陈撷芬发起共爱会，和刘道一等组织十人会，加入冯自由和梁慕光受孙中山委派在横滨成立的三合会，并受封为"白纸扇"（即军师）。

1905年，秋瑾回国省亲，五六月间由徐锡麟介绍加入光复会。7月15日再次东渡日本，8月经冯自由介绍在黄兴寓所加入了由孙中山等创立才半个月的中国同盟会。1906年2月，因抗议日本文部省于去年 11 月 2 日颁发的《清国留日学生取缔规则》而回国。

1907 年 1 月，在上海创办《中国女报》（只出版两期，创刊号发刊于 1906 年农历十二月初一日，第二期出版于 1907 年正月二十日）。3 月间回绍兴，与徐锡麟等创办明道女子学堂。不久又主持大通学堂（1905 年徐锡麟等创办，后作为绍兴光复会总机关）体育专修科，并任学堂督办。

7 月 6 日，徐锡麟在安庆刺杀安徽巡抚恩铭，被捕后被杀，安庆起义遂告失败。徐锡麟弟徐伟供词牵连秋瑾，但秋瑾拒绝离开绍兴，认为"革命要流血才会成功"。消息为浙江巡抚张曾扬得知，大为震怒，知悉徐锡麟与绍兴大通学堂督办秋瑾乃为同党，气急败坏。当即急电绍兴府知府贵福，派山阴县令李钟岳查封大通学堂。

7 月 14 日，秋瑾在大通学堂被捕，被关押在卧龙山监狱。贵福、李钟岳及会稽县令李瑞年，三堂会审。李钟岳命将秋瑾等九人，提到衙内花厅。秋瑾口供仅写"秋风秋雨愁煞人"
一诗句。随后,李钟岳即到绍兴府向贵福报告
审讯情形。贵福愀然不悦。贵福当晚赴杭,向
张曾扬作假报告,说秋瑾对造反之罪,业已供
认不讳。

15日凌晨三四时于浙江省绍兴古轩亭口,
31岁的秋瑾被处以斩刑,尸体由大通学堂洗衣
妇王安友等人裹殓,后由同善堂收殓草葬于卧
龙山麓。秋瑾的被杀也导致官方开始打压
女校。

## (三)救国之道大碰撞

### ——革命派与改良派的论战

在资产阶级革命派继续宣传革命思潮,并
着力于推翻清王朝的武装起义的时候,康有
为、梁启超等人坚持走改良道路,反对用革命
手段推翻清朝统治。维新变法失败后,康有

为、梁启超流亡日本。孙中山曾试图和他们合作。但康有为、梁启超坚持效忠被囚的光绪皇帝，并要求合作中的主导地位，最后双方联合没有成功。改良派演变为保皇派，革命派逐渐居于优势而成为时代主角。但康有为、梁启超在戊戌维新时期赢得的政治威望，以及他们持续不断的宣传鼓吹，使他们的影响仍然很大。因此，资产阶级革命派在着力于推翻清政府的同时，不得不腾出手来清除思想上的障碍。

晚清中国资产阶级的两个政治派别——革命派和改良派，围绕着民主革命与君主立宪这两种政治思想的分歧迅速激化。1905 年 11 月，同盟会的机关报《民报》发动了对改良派的公开批判。改良派也不示弱，他们以在横滨创办的《新民丛报》为主要阵地，与《民报》针锋相对。1905～1907 年间这场论战达到了顶峰，围绕中国究竟是采取革命手段还是改良方式这个问题，革命派与改良派各自分别以《民报》、《新民丛报》为主要舆论阵地，展开了一场大论战。论战主要集中于以下几个问题：

第一，要不要进行民族革命推翻清王朝。改良派颂扬清王朝的"仁政"，政府的倒行逆施仅是"太后、荣禄一等人之罪"；否认清朝的民族压迫，认为可以在保留清王朝的前提下进行政治改革，要求革命派放弃民族革命的宣传。革命派则认为满汉矛盾不可调和，满族对汉族的压迫虐待必然激起汉族的仇恨与反抗；革命派还揭露了清朝自鸦片战争以来的种种误国卖国行径，指出要救中国，就必须实行民族革命，推翻清王朝。

第二，要不要实行民主政治。改良派主张实行君主立宪，特别是开明专制。他们认为，中国民智未开，而政治改革必须循序渐进。由君主专制直接过渡到民主共和，必定会导致天下大乱。因而在当时的情势下，最好的选择就是依靠清王朝进行政治改革以实行君主立宪。清政府宣布预备立宪后，改良派认为政治革命已不再有必要，向清廷请愿立宪，实行有秩序的改革，是唯一正当的手段。革命派则认为，中国人民完全有接受民主立宪的能力，而清朝统治者根本没有资格和能力谈改良政治；清政府所谓预备立宪不过是"牢笼"人民、抵制革命的一种手段。必须发动国民进行政治革命，颠覆君主专制制度，建立民主共和政体，才能使中国臻于独立富强。

第三，要不要进行社会革命，改变封建土地制度。改良派认为中国不存在严重贫富差距，不必实行社会革命，只须实行社会改良政策即可。他们批评革命派的"平均地权"主张不能解决土地国有问题，实行土地国有化也不能解决贫富问题；攻击革命派要夺富人之产，目的是要吸引"下层社会"起来骚乱。革命派强调，当时的中国存在着严重的"地主强权"、"地权失平"的现象，必须通过平均地权以实现土地国有，在进行政治革命的同时实现社会革命，才能避免贫富不均等社会问题的出现。

革命派在这场大论战中占了上风。随着辩论的深入，革命派的理论日益深入人心。梁启超在1907年1月曾通过徐佛苏向革命派方面表示想要"调和"之意，但孙中山、胡汉民都不赞成。1907 年 7 月，《新民丛报》在困境中停刊，两派大论战告一段落。

这场论战，对革命党人而言是一场思想政治的动员，同时也在更广大范围内使人们认识到不能寄希望于清王朝的改良，必须建立新的共和制度来取代君主专制制度，越来越多的新式知识分子甚至普通民众开始承认革命的正义性、必要性，一时之间形成了压倒改良派的气势，清王朝的统治已处于风雨飘摇之中。

## （四）民主革命斗争的重大胜利
### ——建立民国

1911 年 4 月，广州黄花岗起义失败后，在上海的同盟会中部总会意图策划在长江流域起义，派人到武汉与文学社、共进会联系，加速了武汉革命团体准备起义的进程。文学社和共进会在湖北新军和会党中进行了长期的革命宣传和组织工作，在中部同盟会的推动下，文学社、共进会经过多次商谈，终于在 9 月下旬实行了联合，拟订了发动起义的计划，并成立了起义总指挥部。军事上，文学社负责人蒋翊武被任命为革命军总指挥，共进会负责人孙武被任命为参谋长；政治上，共进会负责人刘公为政治筹备处总理。起义日期初步定为 1911 年 10 月 6 日，后又延至 10 月 11 日。

10 月 10 日早晨，彭楚藩、刘复基、杨洪胜等人在湖广总督署英勇就义，军警的搜捕仍在紧张进行。许多革命党人和发动起来的新军士兵自忖生死存亡在此一举，与其坐以待毙，不如拼死求生，起义形势如箭在弦上，一触即发。当晚 7 时许，驻中和门内的新军第八镇所属工程第八营的革命党人打响了武昌起义的第一枪。熊秉坤率数十名起义士兵奔向中和门附近的楚望台军械库，他们占领了军械库，获得大量军火，起义部队士气大振。由于现场群龙无首，无法统一指挥，在场职位最高的熊秉坤以总代表的身份负责现场指挥，尽力稳住军心。当时有士兵建议，把左队队官吴兆麟找来当总指挥。熊秉坤考虑到自己职卑位低，恐难左右局势，给起义带来不良后果，于是欣然顺应士兵要求，推举吴兆麟当临时总指挥。吴兆麟不负众望，他立即命令一部分兵力加强楚望台一带的警戒，同时派人与城内外其他革命部队联系。不久城内外的革命部队纷纷向楚望台集结。起义军经过一夜浴血鏖战，攻克了总督署、第八镇司令部及藩台衙门。到10月11日上午，武昌全城光复。12日，起义军又收复了汉口和汉阳，完全控制了武汉三镇。

随后，湖北革命党人以"中华民国大总统孙文"的名义，在《中华民国公报》上公开声明，号召各省响应。武昌起义的胜利，拉开了辛亥革命的序幕。孙中山此时远在海外，黄兴与宋教仁等人于10月28日到达武汉。清政府调动大军镇压起义，从10月18日起，革命军与清军在汉口、汉阳展开激战。由于装备、训练等方面差距悬殊，汉口、汉阳先后失守，但革命军的浴血奋战却捍卫了武昌的新生革命政权，吸引了清军的主力，推动了革命形势的发展。

武昌起义成功以后，革命在全国范围内飞速发展，革命风暴席卷长城内外、大江南北。对清政府感到绝望的立宪派转而同革命党人合作。10 月，湖南、陕西、山西、云南、江西等省宣布"独立"；11 月，上海、贵州、浙江、江苏、广西、安徽、福建、广东、四川先后宣告"独立"。在前后 50 天的时间里，共有 14 个省和对全国政治、经济有着重大影响的上海，也宣布脱离清政府的统治，清王朝的腐朽统治即将淹没在历史的洪流中。

12 月 3 日，通过《中华民国临时政府组织大纲》。12 月 29 日，17 省的 50 名代表在南京举行临时大总统选举，每省一票，孙中山最终以 16 票被推举为中华民国临时大总统。

1912 年 1 月 1 日上午 10 时，孙中山从上海赴南京宣誓就职，改国号为"中华民国"。孙中山发布《临时大总统宣言书》和《告全国同胞书》，宣称临时政府乃"革命时代之政府"，其根本任务是"尽扫专制之流毒，确定共和，以达革命之宗旨，完国民之志愿"。各省代表欢呼之声震动天地。1月3日，各省代表会选举黎元洪为临时副总统。孙中山以大总统名义提出国务员九部人选，各部总长既有革命党人，也有立宪派和旧官僚，但次长绝大多数为同盟会的骨干人物，并掌握实权。1月28日，正式成立临时参议院，多数参议员为革命党人。因此，临时政府各部门和参议院，虽然在形式上是由革命派、立宪派与旧官僚等多种政治势力联合组成，但实际上革命派占居主导地位，资产阶级民主政体在中国大地正式诞生。3月11日，孙中山签署发布《中华民国临时约法》。《中华民国临时约法》规定了中华民国的国体与政体、人民的权利和义务，以及行政、立法、司法三权分立的政治体制，具有资产阶级宪法的性质，民主共和观念因此逐步深入人心。

# （五）辛亥革命果实的丧失

## ——袁氏窃国

武昌起义的爆发，给被清朝摄政王载沣削职为民而蛰居河南彰德的袁世凯带来了复出的机会。外国在华势力、立宪派的头面人物以及袁世凯的亲信，以各种途径促使清王朝让袁世凯再度出山收拾残局。清王朝面对革命的燎原之势，不得不接受袁世凯提出的各项条件，任命袁世凯为钦差大臣，授予他节制调遣水陆各军的实权。1911 年 10 月 30 日，袁世凯从彰德南下，部署对武汉的进攻。11 月 1 日，清政府任命袁世凯为内阁总理大臣。11 月 13 日，袁世凯进京组阁，掌握了军政大权。

袁世凯出山之初，就向湖北军政府首脑黎元洪传达了可以"和谈"的意愿。革命阵营内的立宪派、旧官僚对袁世凯寄予厚望，极力主张同袁世凯和谈；革命党的不少领袖和骨干，也希望借助袁世凯以达到推翻清廷、建立共和的目标，对袁世凯妥协成为革命阵营的主要趋向。经过一段时间磋商，南北双方基本达成议和条件。12月7日，袁世凯根据清政府的旨意委任唐绍仪为全权大臣总代表，与南方革命党人进行和谈。12月9日，南方11省推举伍廷芳为议和代表。双方决定在上海谈判。

12月18日，南北和谈在上海公共租界举行。直到12月底，南北双方就停战、国体、国民议会等问题进行了5次会谈。孙中山就任中华民国临时大总统后，袁世凯十分不满，对唐绍仪、伍廷芳的和议条款"不予承认"，南北和谈陷入困境。此时，英、美、德、日、法、俄等帝国主义列强对革命派施加压力，并采取政治上不承认、经济上封锁扼杀、军事上武力恫吓革命政府的手段，极力迫使革命派对袁世凯妥协。而南京临时政府的财政极为困难，试图解决财政困难的种种努力又都没有成功，在外交上也孤立无援，革命阵营内部开始有人指望通过袁世凯来和平实现革命目标。在内外交困和重重压力之下，孙中山向袁世凯一再重申：只要袁世凯能够迫使清帝退位，拥护共和制度，就一定会推举袁世凯为大总统。

得到孙中山的承诺后，袁世凯便以内阁总理大臣的身份，率全体国务大臣联衔上奏清政府，要求清帝逊位。1912 年 1 月 26 日，段祺瑞等人在袁世凯授意下，向清政府施加压力。1912 年 2 月 12 日，清隆裕太后代行颁布了由张謇起草的清宣统帝溥仪的退位诏书，并宣告接受优待条件。清帝退位，宣告了统治中国268 年的清王朝的灭亡，同时也宣告了中国绵延两千多年的封建君主专制制度的终结。

2 月 13 日，袁世凯电告南京临时政府，表示拥护共和制度。当日，孙中山向临时参议院辞职。2 月 15 日，临时参议院选举袁世凯为临时大总统。3 月 10 日，袁世凯在北京宣誓就任临时大总统。4 月 1 日，孙中山正式卸去临时大总统职务，南京临时政府宣告终结，辛亥革命的果实落到了袁世凯手中，历史还将在曲折中前行。

# （六）中国新民主主义革命的开端
## ——五四运动

　　1919 年 1 月，第一次世界大战战胜国在法国巴黎召开所谓的"和平会议"，中国作为第一次世界大战协约国之一，参加了会议。中国代表在和会上提出废除外国在中国的势力范围、撤退外国在中国的军队和取消"二十一条"等正义要求，但巴黎和会不顾中国也是战胜国之一，拒绝了中国代表提出的要求，甚至决定将德国在中国山东的权益转让给日本。此消息传到中国后，北京学生、工商业者、教育界和许多爱国团体纷纷通电，斥责日本的无礼行径，并且要求中国政府坚持国家主权。在这种情况下，和会代表提交了关于山东问题的说帖，要求归还中国在山东的德租界和胶济铁路主权，以及要求废除"二十一条"等不合法条件。但北洋政府屈服于帝国主义的压力，准备在《协约国和参战各国对德和约》上签字。最终，英、美、法、日、意等国不顾中国民众呼声，在4月30日签订了《凡尔赛和约》，仍然将德国在山东的权利转送日本。在巴黎和会中，中国政府的外交失败，直接引发了中国民众的强烈不满。

5月1日，北京大学学生代表在北大西斋饭厅召开紧急会议，决定5月3日在北大法科大礼堂举行全体学生临时大会。5月3日晚，会议如期召开。最后定出四条办法，其中就有次日齐集天安门示威的计划。这四条办法是：联合各界一致力争；通电巴黎专使，坚持不在和约上签字；通电各省于5月7日国耻纪念举行游行示威运动；定于5月4日齐集天安门举行学界之大示威。

5月4日下午1点，北京大学等十三所院校三千余名学生汇集天安门，举行了声势浩大的示威活动。提出了"外争国权，内惩国贼"、"取消二十一条"、"拒绝和约签字"等口号，并在集会上宣读了罗家伦起草的《北京学界全体宣言》："中国的土地可以征服而不可以断送！中国的人民可以杀戮而不可以低头！国亡了！同胞起来呀！"学生代表要求会见四国公使，罗家伦、江绍原前往各国使馆递送英文的备忘录，仅美国使馆人员接受了学生的陈词书，英法意使馆均拒绝接受。在"外争国权"而不得的情况下，队伍中喊出一句："去找曹汝霖算账去！"矛盾遂转向"内惩国贼"——学生开始向位于北京长安街东端之北的赵家楼曹宅所在地移动，游行队伍到达曹宅，数百名军警早把胡同口封住，队伍不得入内。学生向军警讲明来意说："我们是爱国学生，来这里是找曹总长谈谈国事，交换意见，要他爱中国。我们学生手无寸铁，你们也是中国人，难道你们不爱中国吗？"军警于是放行。学生进入胡同后发生暴乱，并痛打了在曹家的章宗祥，火烧了曹宅，引发"火烧赵家楼"事件。随后，军警给予镇压，并逮捕了学生代表32人。

当时为了营救被捕学生，全国工商界罢工罢市。11 日，上海成立学生联合会。14 日，天津学生联合会成立。广州、南京、杭州、武汉、济南的学生和工人也给予支持。

6 日，上海各界联合会成立，通过三罢运动，全国 22 个省 150 多个城市都有不同程度的反映。6 月 11 日，陈独秀等人到北京前门外闹市区散发《北京市民宣言》，声明如政府不接受市民要求，"我等学生商人劳工军人等，惟有直接行动以图根本之改造"。陈独秀因此被捕。各地学生团体和社会知名人士纷纷通电，抗议政府的这一暴行。面对强大的社会舆论压力，曹汝霖、陆宗舆、章宗祥相继被免职，总统徐世昌提出辞职。6 月 12 日以后，工人相继复工，学生停止罢课。6 月 28 日，中国代表没有在和约上签字。

五四运动表现了反帝反封建的彻底性，提出彻底的反帝反封建口号，正如毛泽东所说："五四运动的杰出历史意义，在于它带着为辛亥革命还不曾有的姿态，这就是彻底地不妥协地反帝国主义和彻底地不妥协地反封建主义。"结束了辛亥革命后连续几年的革命低潮,新的革命高潮开始。五四运动是一次真正的群众运动。工人阶级登上历史舞台。在五四运动中,中国工人阶级作为独立的政治力量登上历史舞台,并在运动中起到了决定性的作用,促进了中国工人阶级的迅速发展和壮大。五四运动促进了马克思主义在中国的传播及其与中国工人运动的结合,促进了马克思主义的广泛传播,促进了马克思主义和中国工人运动的结合。一批具有初步共产主义思想的知识分子认识到工人阶级力量的伟大,积极投身到工人中间进行宣传工作和组织工作,在运动爆发前进行舆论准备,运动爆发后提出政治口号,对群众斗争经验进行积极总结。可以说,五四运动为中国共产党的成立,作了思想上和干部上的准备。五四运动揭开了新民主主义运动的序幕,是中国新民主主义革命的开端。首先从革命领导权上看,五四运动前,中国革命是农民阶级和民族资产阶级领导的,五四运动中,工人阶级发挥了巨大的作用，具有初步共产主义思想的知识分子，是运动的组织者和领导者；其次，从五四运动的历史背景上看，发生在十月革命之后，是无产阶级社会主义世界革命的一部分。最后，五四运动带有旧民主主义革命所没有的彻底性。

## （七）星星之火

### ——中国共产党的诞生

1919 年 6 月 5 日，上海工人大罢工声援五四运动，标志着中国工人阶级首次登上历史舞台。1921 年中国共产党在这里诞生，是中国历史上开天辟地的大事。

中国共产党是马克思列宁主义与中国工人运动相结合的产物。1920 年 2 月，陈独秀在南方、李大钊在北方分别进行建党的准备工作，商定了"共产党"的组织名称设想，史称"南陈北李，相约建党"。在各地共产主义小组成立的基础上，经过共产国际的帮助，1921 年 7 月 23 日，中国共产党第一次全国代表大会在上海望志路 106 号举行。会议最后一天，为了躲避法国巡捕的搜查，代表们转移到浙江嘉兴南湖的一艘游船上完成议程。

参加中共一大的正式代表有 12 人，来自全国 7 个地方共产主义小组，代表全国 53 名党员。这 12 名代表分别是上海的李达、李汉俊，北京的张国焘、刘仁静，长沙的毛泽东、何叔衡，武汉的董必武、陈潭秋，济南的王尽美、邓恩铭，广州的陈公博，旅日的周佛海。共产国际代表马林和尼科尔斯基参加了大会。

一大召开期间，陈独秀因忙于广东省教育委员会事务未能到会，他委托包惠僧出席了会议，并提出了一个中国共产党党纲建议。李大钊在北京忙于领导教员索薪斗争，也未到上海与会。张国焘主持了会议，他说明了这次大会的意义，指出会议任务是制定党的纲领和实际工作计划。共产国际代表马林讲了话，他建议中国共产党要特别注意建立工人的组织。大会于 23、24、27、28、29、30 日依次举行了 6 次会议。

大会通过了《中国共产党的第一个纲领》和《中国共产党的第一个决议案》。党纲决定，党的名称为中国共产党，党的性质是无产阶级的政党。党纲基本内容有：以无产阶级革命军队推翻资产阶级，由劳动阶级重建国家，直至消灭阶级差别；采用无产阶级专政，以达到阶级斗争的目的——消灭阶级；废除资产阶级私有制，没收一切生产资料，如机器、土地、厂房、半成品等，归社会所有；联合第三国际。党纲还规定，党采取苏维埃的形式，把工农劳动者和士兵组织起来，宣传共产主义，承认社会革命为党的首要政策；坚决同黄色知识分子阶层及其他类似党派断绝一切联系；凡接受党的纲领和政策，愿意忠于党，不分性别、国籍，经过一名党员介绍，均可成为党员；但加入党之前，必须断绝同反对中国共产党纲领的任何党派的关系；在公开时机未成熟前，党的主张以至党员身份都应保持秘密。

大会鉴于当时党员数量少、各地组织上不健全，决定暂不成立党的中央委员会，先组成中央局负责领导党的工作。大会选举陈独秀任书记、张国焘任组织委员、李达任宣传委员，此三人组成中央局。1921 年 9 月，陈独秀从广州回到上海主持中央工作。

党的一大宣告了中国共产党的正式成立，从此中国诞生了完全新式的、以共产主义为目的、以马列主义为行动指南的、统一的工人阶级的政党。中国共产党从建党一开始就把社会主义和共产主义规定为自己的奋斗目标，并坚持用革命的手段来实现这个目标。中国共产党的成立，给灾难深重的中国人民带来了光明和希望，也使中国人民的革命斗争有了科学的指导思想，自从有了中国共产党，中国革命的面貌焕然一新。

## （八）武装反抗国民党反动派的第一枪
### ——南昌起义

1926 年至 1927 年间即北伐进行期间，国民政府因为"容共"或"清党"两种意见的冲突，造成内部分裂。1927 年 1 月，北伐军攻克武汉，当时以国民党左派人士为中心的国民政府由广州迁往武汉，武汉方面的国民党人士主张容共并拥戴汪兆铭。3 月 10 日，在武汉召开的国民党二届三中全会通过《统一党的领导机关决议案》，免除蒋中正除国民革命军总司令一职以外的其他公职。蒋中正在南昌发表《告黄埔同学书》，表明不接受该决议，遂率领一批国民党人于南京另组政府，宁汉分裂。

1927 年 4 月，中国国民党中央监察委员会在上海召开会议，提出国民党内之共产党员，受第三国际指使，企图颠覆国民党，破坏国民革命，要求取消共产党人在国民党内之党籍，随即通过"清党原则"，成立"清党委员会"，全面进行反共清党，并清除共产党人。

1927 年 7 月 15 日，武汉汪兆铭政府知悉苏联顾问鲍罗廷，欲分化国民政府以助中国共产党夺取武汉政府权力之策略后，决定分共。在武汉的中共中央，根据在江西九江的中央负责同志的建议，决定在江西南昌发动武装暴动，任命周恩来为前敌委员会书记，负责组织起义。7 月 26 日，周恩来离开武汉，前往南昌。周离后数小时，中央收到共产国际电报，指示"如毫无胜利的机会，则可不举行南昌起义"。于是中央立刻派张国焘作为中央代表去追赶周恩来，传达最新指示。但是张国焘抵达九江和南昌时，起事已无法停止。武汉汪兆铭政府 8 月宣布正式与共产党分裂并逐其党员，又通过"取缔共产议案"，罢黜鲍罗廷及其他苏联顾问，宁汉重新合流，宁汉复合。

1927 年 8 月 1 日凌晨 2 时，朱德、周恩来等指挥的中共部队向驻守南昌的国民革命军发动进攻，经过 4 个多小时的激战，占领了全城，公布了《八一起义宣言》、《八一起义宣传大纲》。国民政府方面则马上调集军队包围了南昌。8 月 3 日，中共部队按计划撤离南昌。8 月 7 日，张发奎率第四军入南昌，接着追击中共部队。而中共方面，蒋光鼐、蔡廷锴师在南进广东途中脱离了部队，加之天气暑热，长途行军，未动员群众，沿途逃亡的士兵很多。在部队到达广东大埔县三河坝后，周恩来决定主力南下进击潮汕地区，企图获得苏联共产国际海运的援助。留朱德率第 25 师坚守三河坝。南下中共部队在途中遭粤军和中央军夹击。9 月 23 日～10 月 2 日，南下中共部队到达汕头。于潮安汕头战斗及揭阳战斗过程中，一度攻占潮汕，但最终于汤坑受到大败。后谭平山、周恩来、刘伯承、贺龙、叶挺等主要负责人离队，分别前往香港、上海。董朗、颜昌颐率南下起义军余部转移至海陆丰地区与彭湃的赤卫队会合，后编为中国工农革命军第二师。

　　朱德所部得知南下部队失败后，派师长周

士第、师党代表李硕勋去中央汇报。朱德与第
25 师 73 团指导员陈毅、团参谋长王尔琢率部
向赣粤交界运动。经大庾整顿后，朱德将部队
的战术由正规战向游击战转变。后朱德得知滇
军故交范石生部驻扎韶关，一度化名王楷投奔
范部。不久实情被国军侦知，朱部又移师
湘南。

南昌起义虽然失败了，但是具有伟大的历
史意义，它打响了武装反抗国民党反动派第一
枪，从此开始了中国共产党独立领导革命武装
斗争的新时期。

# （九）民族觉醒

## ——抗日游击战争的胜利

中国的抗日战争是中国人民继 1894 年中
日甲午战争后的第二次反抗日本帝国主义侵略
的战争，这次战争以中华民族彻底击败日本帝

国主义的侵略而告终。在这场战争中，中国人民表现出巨大的民族觉醒、空前的民族团结和坚强的民族意志，在中国近代史上赢得了反抗帝国主义侵略的完全胜利，谱写了中华民族解放战争史上和世界反法西斯战争史上的光辉篇章。

1937年，日本发动了侵华战争，中华民族到了最危急的时刻。为了争取民族独立，国共两党形成了抗日民族统一战线。针对敌强我弱的客观形势，中国共产党领导人民进行了艰苦卓绝的抗日游击战争。八路军、新四军深入敌后开辟了抗日根据地，以"基本的游击战，但不放松有利条件下的运动战"为指导方针，在敌后进行广泛的独立自主的游击战，把敌人的后方变成了抗日的前线，有力地打击了日本侵略者，牵制了日军一半以上的兵力，对抗日战争的最后胜利起到了重要作用。抗日游击战争植根于广大的人民群众，显示了中华民族的反侵略精神和民族团结的伟大力量。

日军在侵华过程中，为了摧毁中国人民的

民族意识与抗日精神，对广大沦陷区的文教事业进行了疯狂的破坏，并强制推行奴化教育政策，其实质就是法西斯的专制与愚民教育。日本发动的侵华战争，就是一场包括军事、政治、经济、文化的总体战。各方面的侵略是相互联系、相互影响的，奴化教育就是其中重要的一环。作为侵华灭华政策的重要组成部分，日本推行奴化教育的目的，就是想以此泯灭中国青年一代的民族意识和抗日精神，从而彻底征服中国。

面对日本的野蛮侵略，中国人民毅然奋起，英勇抵抗。中国人民在"九一八事变"后开始的局部抗日战争，揭开了世界反法西斯战争的序幕。芦沟桥事变是中国全国性抗战的开始，中国在东方开辟了世界第一个大规模的反法西斯战场。

毛泽东从中国历史和世界历史出发，说明了在五四运动和十月革命以后的中国民主主义革命已经不是一般的民主主义革命，而是新民主主义的革命，即"在无产阶级领导之下的人民大众的反帝反封建的革命"。区别新、旧民主主义革命的根本标志，是无产阶级的领导权问题。在中国，无产阶级已经有了自己的政党中国共产党，就能够带领中国反帝反封建的民主革命取得胜利。这一思想解决了中国革命的根本问题。同时，中国革命必须紧紧依靠农民，建立农村革命根据地，开展武装斗争，走以农村包围城市、最后夺取城市这样一条独特的革命道路。

中国革命必须分为新民主主义革命和社会主义革命两阶段，民主主义革命是社会主义革命的必要准备，社会主义革命是民主主义革命的必然趋势。只有完成前一阶段的革命，才可能去进行后一阶段的革命，不能混淆两个革命阶段的任务，不能"毕其功于一役"。两个革命阶段必须也必然是衔接的，中间不可能再插入一个资产阶级专政的阶段。中国的新民主主义革命因为有了无产阶级的领导，已经包含有社会主义的因素，其发展前途必然是社会主义。

　　毛泽东还进一步描绘了新民主主义社会的蓝图，在政治上，要建立"无产阶级领导下的一切反帝反封建的人们联合专政的民主共和国，这就是新民主主义的共和国"。在经济上，要使一切"大银行、大工业、大商业归这个共和国的国家所有"；"这个共和国并不没收其他资本主义的私有财产，并不禁止'不能操纵国民生计'的资本主义生产的发展"；"这个共和国将采取某种必要的方法，没收地主的土地，分配给无地和少地的农民"。在文化上，要挣脱帝国主义、封建主义文化思想的奴役，实行人民大众的反帝反封建的文化，即"民族的科学的大众的文化"。这些新民主主义的基本纲领，既不同于旧的资产阶级民主主义，又区别于社会主义。

　　新民主主义理论的提出和系统阐述，在马克思主义中国化的历史进程中是一次飞跃，是一件前人没有做过的事情。它不仅回答了当前时局中提出的种种问题，而且回答了中国现阶段民主革命和未来建设新中国的一系列根本问题。标志着马克思列宁主义基本原理同中国革命具体实践相结合的毛泽东思想,有了进一步的发展,是对马克思列宁主义的丰富和发展。使全党和广大人民群众清楚地看到了中国革命的发展规律和前景,极大地鼓舞了他们的胜利信心,成为引导中国人民不断前进的旗帜,有力地指导和促进了抗日战争和中国革命的胜利发展。

中国人民抗日战争是近代以来中华民族反抗外敌入侵第一次取得完全胜利的民族解放战争,是 20 世纪中国和人类历史上的重大事件。首先,中国人民抗日战争的胜利,彻底打败了日本侵略者,捍卫了中国的国家主权和领土完整,使中华民族避免了遭受殖民奴役的厄运。抗日战争的胜利,结束了日本在中国台湾 50 年的殖民统治,使中国台湾回到祖国的怀抱。其次,中国人民抗日战争的胜利,促进了中华民族的的大团结,弘扬了中华民族的伟大精神。即坚持国家和民族利益至上、誓死不当亡国奴的民族自尊品格,万众一心、共赴国难的民族团结意识，不畏强暴、敢于同敌人血战到底的民族英雄气概，百折不挠、勇于依靠自己的力量战胜侵略者的民族自强信念，开拓创新、善于在危难中开辟发展新路的民族创造精神，坚持正义、自觉为人类和平进步事业贡献力量的民族奉献精神。最后，中国人民抗日战争的胜利，对世界各国人民夺取反法西斯战争的胜利、维护世界和平的伟大事业产生了巨大影响。中国人民为最终战胜世界法西斯反动势力作出了不可磨灭的历史贡献。中国作为亚洲太平洋地区盟军对日作战的重要后方基地，还为盟国提供了大量战略物资和军事情报。中国人民抗日战争的胜利，在全世界人民面前树立了一个以弱胜强的光辉范例，鼓舞了被压迫、遭侵略的民族进行解放战争的信心和勇气。中国参与发起成立联合国并成为联合国安理会常任理事国，显著提高了中国的国际地位和国际影响。

中国是全世界参加反法西斯战争的五个最大国家之一，是在亚洲大陆上反对日本侵略者的主要国家。中国在抗日战争中，为了自己的解放，为了帮助各同盟国，付出了巨大的牺牲，作出了伟大的贡献。

## （十）人民解放战争中的重要胜利
### ——辽沈、淮海、平津三大战役

1948 年秋，人民解放战争进入夺取全国胜利的决定性阶段。此时，人民解放军由战争初期的 127 万人发展到 280 万人，其中野战军 149 万人。全军还开展了新式整军运动，通过诉苦（诉旧社会和反动派给劳动人民造成的痛苦）、"三查"（查阶级、查工作、查斗志）、"三整"（整顿组织、整顿思想、整顿作风），达到了政治上高度团结、生活上获得改善、军事上提高技术和战术的三大目的，战斗力进一步提高。解放区的面积扩展到 235 万平方千米，人口达 1.68 亿。老区的土改运动基本完成，解放军的后方更加巩固。

与此相反，国民党军队的总兵力进一步减少到 365 万，可用于第一线的兵力仅 174 万，且士气低落，战斗力下降。在解放军的强大攻势下，国民党军只得放弃分区防御而实行重点防御。它的 5 个战略集团（胡宗南、白崇禧、刘峙、傅作义、卫立煌集团）已被分割在西北、中原、华东、华北、东北五个战场，相互间难以形成配合。

战略决战的序幕首先在山东拉开。1948 年 9 月 16 日，粟裕等指挥华东野战军 32 万人发动济南战役。经过 8 个昼夜的激烈作战，最终攻克济南，歼国民党军 10 万余人，其中起义 2 万余人。济南的解放，有力地证明解放军的城市攻坚作战能力已大大提高，蒋介石以大城市为重点的防御体系开始崩溃。

辽沈战役是第一个战役。辽沈战役从 1948 年 9 月 12 日发起，东北野战军先后分路奔袭北宁路。到 10 月 1 日，切断了北宁路，一部分主力进抵锦州城下。10 月 10 日，由华北国民党军组成的"东进兵团"自锦西向通往锦州的要隘塔山发起猛攻。东北野战军预先设置在塔山的两个纵队顽强阻击，鏖战6个昼夜，打垮国民党军的数十次冲击，成功地阻止了它的东进。其"西进兵团"出动后，也遭到解放军3个纵队的阻击，进至彰武、新立屯一带后，未敢继续南进。10月9日起，东北野战军发起对锦州的攻击。经过激战，于15日攻克该城，全歼守敌10万余人。随后，被长期围困在长春的国民党第六十军于10月17日起义，新编第七军也放下武器投诚。21日，长春宣告和平解放。10月26日至28日，东北野战军主力在新立屯、黑山地区全歼廖耀湘兵团10万人。11月2日，直下沈阳、营口。辽沈战役至此胜利结束。东北全境宣告解放。在辽沈战役中，人民解放军历时52天，以伤亡6.9万人的代价歼灭国民党精锐部队47.2万余人。

淮海战役是第二个战役，是在以徐州为中心，东起海州、西至商丘、北起临城、南达淮河的广大地区进行的。淮海战役于11月6日发起，到 22 日为战役第一阶段。在这个阶段中，华东野战军在碾庄圩地区歼灭黄百韬兵团10 万人。中原野战军也完成对徐州的战略包围。11 月 23 日～12 月 15 日，为淮海战役第二阶段。在这个阶段中，中原野战军及华东野战军一部，在宿县西南的双堆集地区包围并歼灭黄维兵团 11 万人。华东野战军主力在杜聿明指挥的徐州国民党军 3 个兵团 25 万人向西突围时，将这股敌人合围于永城东北的陈官庄地区，并歼灭其中的孙元良兵团约 4 万人。12月 15 日～1949 年 1 月 10 日，为淮海战役第三阶段。1949 年 1 月，华东野战军发起对杜聿明部的总攻，全歼邱清泉、李弥两个兵团 10 个军约 20 万人，淮海战役中，人民解放军经过66 天紧张艰苦的战斗，以伤亡 11 万余人的代价，歼灭国民党军 55.5 万人，使长江以北的华东、中原地区基本上获得解放。

平津战役是最后一个战役。平津战役在1948 年 11 月 29 日发起。从 12 月 22 日起，人民解放军按照中共中央军委先打两头、后取中间的原则，首先攻克西线的新保安、张家口，在东线，1949 年 1 月 15 日，全歼天津国民党守军 13 万余人，解放天津。经过解放军和中共北平地下党的耐心工作，1 月 31 日，北平和平解放，平津战役胜利结束。平津战役历时 64 天，人民解放军以 3.9 万人的伤亡为代价，歼灭和改编国民党军队 52 万余人，使华北地区除太原、大同、新乡等少数据点及绥远西部一隅之地外，全部获得解放。

辽沈、淮海、平津三大战役，历时 142 天，共争取起义、投诚、接受和平改编与歼灭国民党正规军 144 个师，非正规军 29 个师，合计共 154 万余人。加上济南战役和其他战役中的损失，国民党军队共丧失兵力 230 万人，国民党赖以维持其反动统治的主要军事力量基本上被消灭。三大战役的胜利，奠定了人民解放战争在全国胜利的巩固基础。

三大战役，无论是战争的规模或取得的成果，在中国战争史上都是空前的，在世界战争史上也是罕见的。这是人民战争的伟大胜利，是毛泽东军事思想的重大胜利。

# （十一）中国的康庄大道
## ——从新民主主义向社会主义的过渡

　　1949 年 10 月 1 日，中华人民共和国成立，揭开了中国政治发展史上崭新的一页。由于新民主主义革命是在中国共产党领导下进行的资产阶级革命，中国革命的领导权、中国的特殊国情和中国革命发展的基本规律，决定了中国资产阶级民主革命后建立的不是资本主义社会而是新民主主义社会，建立的国家政权不是资产阶级共和国而是以工农联盟为基础的人民民主共和国。1949 年 9 月 21 日，中国人民政治协商会议第一届会议通过的具有临时宪法作用的《共同纲领》，对过渡时期的国家性质、政权机构、人民的基本权利和义务等都做了明确的规定。规定的国家性质是：中华人民共和国以新民主主义即人民民主主义为建国的政治基础，实行工人阶级领导的以工农联盟为基础的人民民主专政，是工人阶级、农民阶级、小资产阶级、民族资产阶级及其他的爱国民主分子的人民民主统一战线的政权。

中华人民共和国的建立，使党和政府有了在全国实践新民主主义经济纲领，建立新民主主义经济制度的可能。关于新民主主义社会的经济构成，毛泽东在七届二中全会的报告中就已经说明：国营经济是社会主义的，合作社经济是半社会主义的，加上私人资本主义、个体经济、国家资本主义经济，这些人民共和国的五种经济成分构成了新民主主义的经济形态。《共同纲领》又进一步规定了"各种经济成分在国营经济的领导下，分工合作，各得其所，以促进整个社会经济的发展"，从而奠定了新民主主义时期经济制度的基本框架。新民主主义经济制度的主要任务是恢复和发展生产，实现农业国到工业国的转变，逐步扩大社会主义成分，削弱资本主义成分，为建立社会主义制度作准备。

新中国成立初期，党和人民政府以极大的决心和能力迅速涤荡了旧社会的污泥浊水，消灭了严重危害社会风气的吸毒贩毒、卖淫嫖娼、聚众赌博和封建迷信活动，在全社会形成了健康的道德风尚和社会氛围。

在教育方面，建立和加强革命教育；扩大招生数量，以适应大规模经济、文化建设之需；科学文化方面，设立中国科学院；在文艺工作方面，提倡文艺为工农兵服务、为人民服务；同时中国共产党在知识分子中间组织马克思主义的学习。

新中国成立以前，新民主主义社会是在局部地区建立起来的，也就是当时的各个解放区。在那里，半殖民地半封建的社会制度被废除，但民主革命的任务尚未完成，这时的新民主主义社会还不具备向社会主义过渡的条件。1949年中华人民共和国的成立，标志着新民主主义革命阶段的基本结束和社会主义革命阶段的开始，即进入由新民主主义到社会主义的过渡时期。这时的新民主主义的社会就已经是一个"属于社会主义体系的和逐步过渡到社会主义社会去的过渡性质的社会"了。

新民主主义社会的基本矛盾是，国内为无产阶级与资产阶级的矛盾，国外仍是中国和帝国主义国家的矛盾。新中国成立后头三年国内的主要矛盾仍然是中国人民同国民党反动势力和地主阶级的矛盾。党的主要任务是，继续完成新民主主义革命的遗留任务，巩固人民民主政权，迅速恢复和发展国民经济，争取国家财政状况的基本好转，以便为大规模的社会主义建设和全面的社会主义改造创造条件。为完成民主革命遗留任务，为中国走上社会主义道路创造前提条件，党制定了正确的路线、方针和政策。

1950年6月，中共在北京召开七届三中全会，毛泽东作了《为争取国家财政经济状况的基本好转而斗争》的报告和《不要四面出击》的讲话，明确提出了党在国民经济恢复时期的主要任务是争取国家财政经济状况的基本好转。要实现这一任务必须具备的条件是：土地改革的完成；现有工商业的合理调整；国家机构所需经费的大量节减。党的政治策略是：抓住主要矛盾和主攻方向，"不要四面出击"，"不可树敌太多"，应该集中力量孤立和打击当前最主要的敌人，同时做好其他方面的工作。全国人民在中国共产党的领导下，开展了抗美援朝、土地革命、镇压反革命和"三反"（1951年，反对贪污、反对浪费和反对官僚主义）、"五反"（1952年，反对行贿、偷税漏税、偷工减料、盗骗国家财产、盗窃国家经济情报）等运动。到1952年年底，我国胜利地完成了国民经济恢复时期的各项任务。民主革命遗留任务完成后，毛泽东认为，在彻底打倒了地主阶级和官僚资产阶级以后，民族资产阶级就是剩下的最后一个剥削阶级，就阶级矛盾而言，无疑是主要的革命对象。因此，他断言："中国内部的主要矛盾即是工人阶级与民族资产阶级的矛盾，故不应再将民族资产阶级称为中间阶级。"这就是说，中国还存在着两种基本的矛盾：国际上是新中国同帝国主义的矛盾，国内是工人阶级和资产阶级的矛盾。对于新民主主义社会的基本矛盾作这样的认定，实际上就是把进行社会主义革命的任务提出来了。

1949年中华人民共和国刚成立时，民主革命的任务尚未完成。1950年6月召开的中共七届三中全会决定，首先集中力量完成民主革命的遗留任务及进行恢复国民经济、争取国家财政经济状况基本好转的工作，以便为开展有系统的社会主义改造和有计划的经济建设创造条件。

从1950年冬～1953年春，在新解放区农村还开展了轰轰烈烈的土地改革运动。这次土改运动是我国历史上规模最大，也是历次土改运动中搞得最好的一次。

1950年12月～1951年10月，新中国还开展了一场大规模的镇压反革命运动。它是新生的人民政权同国民党反动派残余势力不可避免的一场较量。它同当时的抗美援朝运动、土地改革运动，并称为新中国成立初期的三大运动。通过镇反运动，基本上扫除了国民党反动派遗留在大陆的反动势力，使我国社会秩序出现空前安定的局面，有力地支持了抗美援朝和土地改革运动。

随着 1952 年国民经济恢复工作的完成和国民经济调整的进行，国民经济中的社会主义性质的经济成分大大增加；各级地方人民政权的日益巩固，使得中国社会中的社会主义因素大大增加，远远地超过了资本主义增长的因素，这就使得中国在新民主主义革命以后不可能走向资本主义，也不可能长期地处于新民主主义社会，而会实现向社会主义社会的过渡。随着中国在政治、经济上向社会主义转变的条件日益成熟，中国最终必然走向社会主义社会。

以上事实表明，新民主主义社会不是一个一成不变的、独立的社会形态。它本身具有过渡性，是处在很深刻的变动之中的。新民主主义革命和建设的过程中，向社会主义转变的经

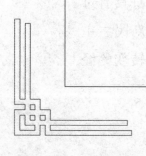

MA LIE ZHU YI CHANG SHI GONG MIN DU BEN

济条件与政治条件的积累和增长，是新民主主义革命向社会主义革命转变的内在动力，它从根本上决定了中国新民主主义革命向社会主义革命转变的历史必然性。

# 四、中国资产阶级民主革命的
# 历史意义和当代价值

　　近代以来，中华民族面临两大历史任务，一是求得民族独立、人民解放，二是实现国家富强、人民富裕。在帝国主义的侵略压迫之下，国土沦丧、民族生存尚且不保，更无力开始真正意义上的现代化建设。只有走革命之路，才能推翻半殖民地半封建统治秩序，获得民族独立，为现代化建设扫清障碍，创造必要的前提。中国资产阶级民主革命就是中国近代史上仁人志士拯救苦难中国的又一次尝试。和洋务运动、义和团、太平天国运动、戊戌变法运动一样，它发生在中华民族的危机又一次加深的时候。但和前几次救国运动不同的是，中国资产阶级民主革命推翻了腐败的清政府，结束了封建制度在中国长达两千多年的统治，在历史上具有相当深远的意义。

## （一）辛亥革命的历史意义及经验教训

辛亥革命在中国历史上高举民主共和的旗帜，结束了统治中国两千多年的君主专制制度，使中国历史真正跨进了近代的门槛，开创了资产阶级民主革命的新纪元，在中国历史上具有重要意义。

第一，辛亥革命为中国政治现代化扫除了障碍，在制度建设上做了有益尝试。自秦始皇建立大一统帝国时起，中国便进入了中央集权的君主世袭制时期。皇帝具有至高无上的绝对权威，皇权主义成为中国社会进步的巨大障碍。在西方资产阶级民主思想传入中国以前，人们不可能构建代替君主专制的政治制度。而以孙中山为代表的资产阶级革命者，将从西方政治制度中找到的民主共和作为革命目标，辛亥革命终于突破了中国历史上改朝换代的旧轨，掀除了皇帝宝座；并且在帝制的废墟上，按西方资产阶级国家制度的模式组建南京临时政府，颁布了反映资产阶级要求的《临时约法》，建立了体现资产阶级民主的议会制度。作为一场比较完全意义的资产阶级民主革命，辛亥革命对于近代中国的社会政治转型有着划时代的意义。

第二，辛亥革命是近代中国历史上一次伟大的思想解放运动。辛亥革命猛烈地冲击了封建主义的旧思想、旧道德，使思想观念翻天覆地。在延续了数千年的皇权主义思想浸染下，皇帝历来被看作是至高无上的绝对权威，人们几乎不能设想没有皇帝的日子。辛亥革命推翻了帝制，与中国传统政治完全不同的共和立宪观念为人们接受并逐渐深入人心。从此以后，

"敢有帝制自为者，天下共击之"。袁世凯称帝、张勋复辟，都只是昙花一现。在这种情况下，各种政党、社会团体和报纸杂志纷纷涌现，政治生活空前活跃，人们的政治地位明显提高，参与政治的意识大大增强。告别封建臣民身份、争做民国"新国民"，成为民初社会一大风尚。南京临时政府还采取一些移风易俗的措施，如剪辫子、易服饰、禁缠足、禁鸦片、废跪拜、改称谓等，这些措施触动了传统社会的神经，有力地涤荡了旧社会的陈规陋俗，使普通老百姓感受到革命浪潮的巨大冲击。觉醒的中国人开始摆脱封建束缚对人性的压抑，而有了鲜明现代性的独立人格，整个社会的精神面貌为之一新。这些变化都是辛亥革命带来的一种思想解放。

第三，辛亥革命强化了国民的法制观念。武昌首义后，湖北军政府成立，随即发布文告，宣布"永久建立共和政体，与世界列强并峙于太平洋之上，而共享万国和平之福"。不久就颁布《中华民国鄂州约法》。《中华民国鄂州约法》以西方资产阶级三权分立原则构建了近代中国第一个民主共和制政权，是中国历史上第一部具有宪法性质的地区性资产阶级民主立法，为以后南京临时政府制定和颁布《中华民国临时约法》提供了范本。

《中华民国临时约法》贯彻了主权在民、三权分立等近代西方资产阶级共和宪法的基本原则，具有鲜明的资产阶级民主色彩，是中华民国第一部具有宪法性质的国家根本大法。与清末新政时期清政府颁布的具有君权宪法性质的《钦定宪法大纲》相比，《中华民国临时约法》具有鲜明的民权宪法性质，人民的民主权利在此得到较为充分的肯定；与湖北军政府颁布的具有宪法性质的地区性民主立法《中华民国鄂州约法》相比，《中华民国临时约法》更具全国性意义，内容也更加系统完备。因此，《中华民国临时约法》在中国宪政史上具有特别重要的意义。用宪法代替封建专制，这是共和宪政最大的特点。尽管袁世凯和北洋政府破坏了《中华民国临时约法》，但法制观念仍为民众所接受。共和国的执政者只能在宪法的范围内活动，这是辛亥革命留给后人的最大遗产。

第四，辛亥革命促进了民族平等。由于辛亥革命的成功，满族与汉族和其他民族在政治上的不平等消失了。由于"排满"本身体现着一种狭隘的民族主义情绪，孙中山在1912年元旦就任临时大总统时立即宣布："国家之本，在于人民，合汉、满、蒙、回、藏为一国，如合汉、满、蒙、回、藏为一人，是曰民族之统一，这就是'五族共和'的主张。""五族共和"是以取消民族不平等为先决条件的。随着"五族共和"主张的提出，就是"中华民族"新概念的出现。"中华民族"的概念规定了中国境内各民族一律平等。"民族平等"，是孙中山民族主义的核心观念。用中华民族概括中国境内各民族的总和，最为恰当。使用这个称呼，为中国各民族消除大汉族主义、地方民族主义，为统一的多民族国家的建立提供了丰厚的理论基础。"中华民族"概念的提出，在中国历史上有非常积极的意义。中华民国成立以来，"中华民族"这个称呼为全国各民族人民所接受。民族平等和中华民族，是辛亥革命留给现代中国人的珍贵遗产。

第五，辛亥革命加速了中国社会经济的发展。辛亥革命中，南京临时政府颁布了一系列有利于实业发展的新政策，为中国资本主义发展提供了新的制度环境，直接推动和促进了"振兴实业"的热潮。临时政府不仅在中央设有实业部，而且命令各省设立实业司，以发展农、工、商、矿各业。不少民族资本家被吸纳进入政府任职，提高了民族资产阶级的社会地位。辛亥革命后兴办厂矿的活动，其规模、声势和范围都是空前的，民族资本主义工业迎来了一个发展的"黄金期"。民国初期成立的实业团体，遍及工商界各行业和各地区。辛亥革命后几乎每天都有新公司注册，1910～1914年间开设的工厂达5776家。

辛亥革命虽然失败了，但给后人留下了宝贵的精神财富。导致失败的原因，除客观上的力量对比悬殊以外，这场革命的领导者所代表的社会力量还很薄弱，政治上也不成熟，存在以下弱点：

第一，他们没有提出一个明确的彻底的反对帝国主义和封建制度的政治纲领，许多人在推翻清朝政府以后便以为大功告成，失去了继续前进的明确方向，导致革命派奋斗的目标没有实现，中华民国的政权被清朝大臣袁世凯所窃取。为响应武昌首义而成立的各省军政府，大权往往被立宪派所掌握。南京临时政府，大权虽然为革命派所掌握，但立宪派势力也不小。革命派内部发生变化，立场观点不尽相同，许多人希望清帝退位后由袁世凯掌权。由于革命派实力不足，无法直接把皇帝赶下宝座，只能依靠袁世凯以逼宫的形式将宣统皇帝赶下台，临时政府大总统的权位最终也被清朝的最后一任内阁总理大臣所取得。

1912 年 2 月 12 日，清帝发布的退位诏书说，"外观大势，内审舆情"，特"将统治权公诸全国，定为共和立宪国体"。该诏书接着说：

"袁世凯前经资政院选举为总理大臣。当兹新旧代谢之际，宜有南北统一之方。即由袁世凯以全权组织临时共和政府，与民军协商统一办法。"这句话，就是袁世凯致南京临时政府电报中所谓"大清皇帝即明诏辞位，业经世凯署名，则宣布之日，为帝政之终结，即民国之始基"的根据。他没有把南京的中华民国临时政府放在眼里，他出面组织中华民国临时共和政府，是得自清帝的授权，他要以这个资格去与"民军"协商统一办法。而他得到这个授权，又是因为他是清帝国的总理大臣。依照这个诏书，袁世凯所获得的新权力与南方革命政府没有关系。孙中山虽然以中华民国临时议会的名义制定了《中华民国临时约法》，试图从总统权力上、首都地点上约束袁世凯，无奈袁世凯掌握了军队，反掌之间，就把《中华民国临时约法》对他的约束给解除了。1912 年 4 月 1日，孙中山正式卸去临时大总统职务。5 日，临时参议院随即决议临时政府和临时参议院迁往北京。资产阶级共和国和南京临时政府只存在了 3 个月就夭折了。袁世凯终于得偿所愿，夺取了辛亥革命的胜利果实。

辛亥革命之后在同盟会基础上组建的国民党，虽然在议会占了多数，却发挥不了实质性的作用。追求议会政治的国民党人宋教仁被刺杀，"二次革命"失败，国民党被袁世凯宣布为非法，国民党籍议员都被剥夺了议员资格，革命派通过辛亥革命所获得的权力丧失殆尽。1913 年 10 月，袁世凯强迫国会通过了《大总统选举法》，又强迫国会"选"他做了正式大总统。1914 年初，他下令取消国会和省议会。接着，他很快便炮制了一个所谓的《中华民国约法》，给他的独裁专制披上合法的外衣。根据这个约法和选举法的规定，大总统有无限的权力，可以不对任何民意机关负责。同时，他解散了国务院，在总统府下设政事堂。政事堂首领称国务卿，协助总统处理政务。政事堂和国务卿，是脱胎于前清的军机处和首席军机大臣。至此，以孙中山为首的南京临时政府为中华民国所设计和规定的一整套政治体制和政治结构，便被完全破坏了。

第二，革命派过于软弱，未能提出反对帝国主义的战略方针，他们没有发动并依靠占中国人口最多数的下层劳动人民，因而在强大的旧势力面前便觉得自己孤立无援，找不到把革命进行到底的力量源泉。南京临时政府对帝国主义存有幻想，不敢以独立国家姿态对帝国主义示以颜色。作为临时大总统的孙中山所发布的对外宣言，对于革命以前清政府与列强签订的所有不平等条约，均认为有效；对于革命以前清政府所承担的一切借款与赔款，均继续偿还；对于革命以前清政府让与各国的一切特权，均照旧尊重。临时政府企图以这种宣示，获得列强的支持和承认。但是，列强并不领情，直到南京临时政府解散，列强都不承认这个尚在"襁褓"中的中华民国临时政府。

孙中山想在中国建立民主共和制度，使中国富强起来。但是西方帝国主义国家并不希望中国成为一个民主共和的强大国家，更不希望中国富强起来，它们宁愿中国保留一种比较落后的社会制度。在南京临时政府建立前后，孙中山多次呼吁美欧各国支持中国的革命，支持中国的革命政府，美欧各国丝毫不为所动。可是袁世凯取得政权、当上大总统后，事情就起了变化。英、美、法、德等国公使纷纷登门，向袁世凯表示祝贺，美国参、众两院一致通过议案祝贺袁世凯政府的成立。1913 年 5 月，美国宣布承认北京政府。当然，美国也从袁世凯手里拿到了不少好处。10 月，日本取得了在我国东北修筑铁路的权利后，承认袁世凯政府。英国在获得中国政府同意与其谈判西藏问题的允诺后，为了支持袁世凯政府，也承认了中华民国。11 月，在与沙俄签订《中俄声明》，表示中国政府承认外蒙古自治，以及承认俄国在外蒙古的权利后，沙俄也承认了中华民国政府。这就是说，帝国主义国家不管中国强大不强大，不管是谁执政，只要能给它们提供新的政治、经济利益，它们就支持谁。袁世凯做到了这一点，于是他的地位就稳固了。帝国主义国家在中国向来不支持一切进步事业，一切推动中国进步的政府。相反，却支持对它们奴颜婢膝，愿意给它们提供好处的政府。把袁世凯扶上台的后台老板，正是这些帝国主义国家。

第三，他们没有形成由一大批有着共同理想和严格纪律的先进分子组成的党，作为革命队伍的核心力量，因而难以在极端复杂的环境中顽强地进行坚韧不拔的斗争。在当时还不成熟的中国社会历史条件下，要解决这些问题是做不到的。因此，近代中国有两大历史使命，一个是进行民族民主革命事业，也就是反对帝国主义和封建主义；另一个是推动中国的现代化。这两大历史任务，辛亥革命都未能完成。

由于中国封建势力根深蒂固，而资产阶级本身力量不够强大，缺少坚实的社会基础，辛亥革命又存在着严重的历史局限，辛亥革命并未能达到它预期的目标，没有从根本上改变中国半殖民地半封建的社会性质，西方列强在中国仍居于支配地位，封建旧势力未能完全扫除；中国的发展也未能走上独立富强、民主自由之途；贫穷、落后的状况没有得到根本改变；革命的果实一度被袁世凯攫取，民主共和政体的构建也屡受挫折。其后出现的军阀混战、武夫当政的局面更是远远背离了革命者的愿望。但这一切，都只说明中国社会惰性力量的强大与变革的艰难，而不能因此否定辛亥革命的历史价值。无论辛亥革命的经验还是教训，都已经化成宝贵的精神财富，融入了中华民族的血脉。

## （二）中国新民主主义革命的
## 历史意义及经验教训

中国新民主主义革命的胜利具有伟大的历史意义，并为我们提供了宝贵的历史经验。

首先，中国新民主主义革命的胜利，结束了帝国主义、封建主义和官僚资本主义在中国的统治，建立了人民民主专政的新中国。数千年来，中国的历史是极少数剥削者统治广大劳动人民的历史;近百年来,西方资本主义列强又凭借坚船利炮,把中国一步步拖入半殖民地半封建社会的深渊。辛亥革命虽然推翻了在中国延续了两千多年的封建专制制度,但是却并没有改变中国半殖民地半封建社会的社会性质。中国人民为了自由、民主、独立和统一整整奋斗了一个世纪,最终在中国共产党的领导下,取得了中国民主革命的伟大胜利。从此,劳动人民成了新中国的主人。这是中国历史上的伟大转折点,标志着中国社会进入了新的时期。

其次,中国新民主主义革命的胜利,对世界历史的发展也发生了巨大的影响。中国革命的胜利,是十月革命胜利后,国际共产主义运动史上最重大的事件。它冲破了帝国主义的东方战线,使帝国主义殖民制度遭到一次致命的打击,从而大大改变了世界政治力量的对比。中国从帝国主义统治的后方基地变成了反帝斗争的前哨阵地,大大增强了世界反帝国主义反殖民主义的力量。中国革命的胜利,大大激励了许多类似中国这样遭到帝国主义、殖民主义剥削压迫的国家的人民，增强了他们斗争的信心和决心；它对国际局势的发展和世界人民的革命斗争，也具有深刻而久远的影响。

最后，中国革命的胜利，是马克思列宁主义、毛泽东思想的胜利。自鸦片战争以来，无数志士仁人前赴后继为国家的独立和富强而奋斗，但都未能取得革命的成功。只有在新民主主义革命的进程中，在中国共产党的领导下，在以马克思列宁主义普遍真理和中国革命的具体实践相结合的毛泽东思想的正确指引下，中国人民才推翻了"三座大山"在旧中国的统治。由于中国新民主主义革命的胜利，中国共产党被公认为全国各族人民的领导核心，中国共产党第一代领导集体核心毛泽东被公认为中国共产党和全国各族人民的伟大领袖，毛泽东思想被公认为中国共产党的指导思想。在总结中国革命正反两方面的经验教训基础上所形成的这些基本结论，成为中国人民的巨大精神财富。

同时，中国新民主主义革命的胜利也为我们提供了宝贵的经验：

首先，中国共产党之所以能够把中国革命引向胜利，是由于它坚持了马克思列宁主义的普遍真理同中国革命的具体实践相结合的正确方向。这是党的一条最基本的经验。自从鸦片战争到五四运动的近 80 年的时间内，中国人民的反抗斗争从来都是没有停止过的。但是，中国人民没有思想武器来抵御帝国主义，十月革命以后，马克思主义开始在中国广为传播起来，中国人民才有了新的思想武器。马克思主义是无产阶级的科学世界观和社会革命论，它的生命力正是在于它是同社会实践紧密结合的，在于它能够在实践中为人们认识真理开辟道路。毛泽东和他的战友们以实事求是的科学态度，采取从群众中来到群众中去的群众路线的工作方法，独立自主地来思考和解决中国的问题，在长期的革命斗争中，把马克思主义普遍真理同中国革命实践结合起来，从而成功地使其具有了为中国人民所理解接受和喜闻乐见